IA

el Homo digitalis

por Juan García

DEEP
ATHENA

Toda la información, procedimientos y representaciones incluidos en este libro se han compilado y probado con el mayor conocimiento y cuidado posible. Sin embargo, no se puede descartar por completo la posibilidad de errores. Por esta razón, la información contenida en este libro no está asociada con ninguna obligación o garantía de ningún tipo. El autor no asume ninguna responsabilidad legal ni derivada del uso de esta información, ya sea en su totalidad o en parte.

Asimismo, el autor no garantiza que los procedimientos descritos estén libres de derechos de terceros. La mención de nombres comerciales, nombres de productos, etc., en este libro también no implica la aceptación de que estos nombres estén exentos de las leyes de propiedad intelectual y marca registrada y que puedan ser utilizados por cualquier persona.

Por razones de mejor legibilidad, se prescinde del uso simultáneo de las formas de lenguaje masculino, femenino y diverso (m/f/d) o hombre, mujer y diverso (h/m/d). Todas las denominaciones de personas se aplican igualmente a todos los géneros.

Publicado por DEEP ATHENA
(un sello editorial de SMART &PRO AI Juan García)

https://deepathena.com
https://smartandpro.de
Corrector versión ES: Juan García
Corrector versión DE: Juan García / Lisa García
Corrector versión EN: Juan García / Lisa García
Diseño de la cubierta: Juan García
Imágenes de la portada: © Juan García @Midjourney + Photoshop
Fotografía: Juan García
Gráficos: Juan García

ISBN impreso tapa blanda: 9783912099102

DEEP ATHENA

the Artificial Intelligence Publishing House

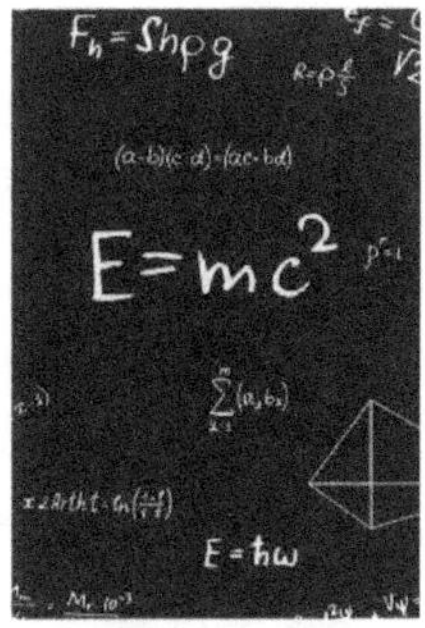

www.deepathena.com

Todos nuestros libros están traducidos al inglés, alemán y español.
Puedes encontrar toda la información en nuestra página web.

Índice

Prólogo

Estamos viviendo un momento histórico en la evolución de la humanidad. A lo largo de los siglos, el ser humano ha sido testigo de avances significativos que han cambiado para siempre el curso de nuestra historia. Desde la invención de la rueda hasta la llegada de la electricidad, cada innovación ha moldeado la forma en que vivimos, trabajamos y nos relacionamos. Sin embargo, pocas tecnologías han tenido el potencial de transformar nuestra existencia de manera tan profunda como la Inteligencia Artificial, abreviado "IA". En este libro, titulado "*IA el Homo digitalis*", quiero ofrecer una reflexión profunda y accesible sobre esta revolución tecnológica, y analizar cómo afectará no solo a nuestra sociedad, sino también a nuestra propia evolución como especie. Debo destacar que mi opinión se fundamenta en el conocimiento y la experiencia adquiridos a lo largo de los años. Mi intención es ser objetivo y no subjetivo; sin embargo, para fomentar el debate, es necesario considerar y analizar ambos puntos de vista, y sobre todo siendo sincero.

La inteligencia ha sido, desde tiempos inmemoriales, el rasgo distintivo de los seres humanos. Nuestra capacidad para aprender, razonar y resolver problemas es lo que nos ha permitido avanzar desde las cavernas hasta las grandes metrópolis modernas. Pero ¿qué sucede cuando creamos una inteligencia que puede rivalizar con la nuestra? ¿Qué pasa cuando una máquina es capaz de realizar tareas que antes solo podían ser realizadas por seres humanos? Estas preguntas y muchas otras nos llevan a uno de los debates más relevantes de nuestra era: ¿qué papel jugará la Inteligencia Artificial en nuestro futuro y cómo cambiará nuestra concepción de lo que significa ser humano? Es una pregunta con la que debemos ocuparnos seriamente, la IA ya no es cosa de ciencia-ficción; en realidad nunca lo fue.

La idea del *Homo digitalis* surge precisamente de esta reflexión. Así como nuestros antepasados *Homo sapiens* superaron a otras especies humanas gracias a su capacidad cognitiva superior, hoy estamos presenciando la aparición de una nueva especie, no biológica, pero sí capaz de competir con nosotros en términos de inteligencia y resolución de problemas. Somos testigos de los primeros pasos de esta especie, somos los que la están ayudando a evolucionar. Este *Homo digitalis* no está hecho de carne y hueso, sino de código y algoritmos, al menos hasta que construyamos un cuerpo para él; ¡porque lo crearemos! No respira, no come, no se cansa, pero tiene el potencial de pensar, aprender y tomar decisiones. La cuestión es: ¿seremos capaces de convivir con esta nueva especie, o nos veremos superados por ella? ¿Se trata de una nueva revolución industrial, o por el contrario de la extinción de nuestra especie?

El impacto de la IA no es una cuestión del futuro lejano. Ya está aquí, entre nosotros. La utilizamos diariamente y desde hace muchos años, a veces sin siquiera ser conscientes de ello. Está presente en nuestros teléfonos móviles, en los sistemas de recomendación de plataformas de streaming, en los asistentes virtuales, en las aplicaciones de traducción automática y en los algoritmos que deciden qué noticias vemos en nuestras redes sociales. La Inteligencia Artificial está transformando sectores enteros, como la salud, la educación, el transporte, la industria, el marketing y las ventas. Pero, al mismo tiempo, plantea una serie de desafíos éticos, sociales y económicos que debemos abordar de manera urgente y los cuales vamos a discutir prácticamente en cada párrafo de este libro.

Uno de los principales riesgos que presenta la IA es la dependencia excesiva que los seres humanos podrían desarrollar hacia estas tecnologías. A lo largo de la historia, hemos utilizado herramientas para facilitar nuestro trabajo y mejorar nuestra calidad de vida. Sin embargo, con la IA, estamos creando una herramienta que no solo nos ayuda a realizar tareas, sino que también puede pensar y tomar decisiones por nosotros. Esto plantea una pregunta fundamental: ¿qué sucede cuando dejamos de utilizar nuestras propias capacidades intelectuales porque las máquinas pueden hacerlo todo por nosotros? La historia ha demostrado que solo los inteligentes sobreviven; la fuerza bruta solo es una respuesta a corto plazo a un problema a largo plazo.

Imaginemos un mundo en el que los seres humanos ya no necesitan esforzarse por encontrar soluciones a los problemas. Un mundo en el que la creatividad, la innovación y la resolución de problemas se delegan por completo a las máquinas; espero que no tengas que esforzarte mucho, porque realmente es lo que ha pasado en 2024 con la IA generativa; ¡y va a ser peor aún si no nos concienciamos y educamos! En ese escenario, nuestro cerebro, acostumbrado a la comodidad de depender de la IA, podría atrofiarse. La inteligencia humana, que tanto nos ha distinguido a lo largo de nuestra historia, podría quedar relegada a un segundo plano, a un simple y espontáneo "prompt". Este riesgo de pérdida de habilidades cognitivas y creativas es uno de los grandes desafíos que debemos enfrentar en esta nueva era digital.

Como ya sabemos, con un gran poder viene una gran responsabilidad; el problema está en que socialmente no estamos tratando este tema con la seriedad que se merece, no estamos preparados como sociedad para afrontar semejante cambio.
Por otro lado, la IA también plantea preguntas sobre nuestra propia identidad como especie. Durante siglos, y como ya he mencionado, los seres humanos nos hemos definido por nuestra capacidad para pensar, para razonar y para crear. La inteligencia ha sido el rasgo que nos ha diferenciado de otras especies. Pero ¿qué sucede cuando una máquina es capaz de igualar o incluso superar nuestras capacidades intelectuales? ¿Seguiremos siendo la especie más inteligente del planeta, o compartiremos ese título con nuestras creaciones digitales?

Este libro tiene como objetivo explorar todas estas cuestiones de manera clara y accesible para cualquier persona, independientemente de sus conocimientos técnicos. No pretendo escribir un manual para expertos en Inteligencia Artificial, ni un tratado técnico sobre algoritmos y redes neuronales; para eso ya escribí "IA-Manager: El manual del gestor de proyectos de IA". Mi intención con este libro es acercar la IA al público general, explicar qué es, cómo funciona, cuestionarla, y, sobre todo, cómo afectará nuestras vidas en los próximos años. Quiero dejar claro que estoy a favor de la Inteligencia Artificial. Trabajo a diario explorando su potencial, desarrollándola e implementándola, por lo que conozco profundamente el tema y hablo con conocimiento de causa.

Quiero que este libro sea una guía para entender los conceptos clave de la IA, pero también una invitación a reflexionar sobre los desafíos éticos y sociales que plantea esta tecnología. La Inteligencia Artificial no es simplemente una herramienta ni un fenómeno pasajero; es una tecnología revolucionaria que está transformando profundamente nuestra manera de vivir, trabajar y relacionarnos. Y, como todo cambio, trae consigo oportunidades, pero también riesgos; en este caso, muchos riesgos que están siendo totalmente ignorados, sepultados en toneladas de contenido banal generado con IA en las redes sociales y en general en internet por culpa del "hype". Y es que la falta de profesionalismo con la que muchas personas abordan su desarrollo y aplicación no solo limita su verdadero potencial, sino que también amplifica los riesgos asociados, generando desinformación, productos de baja calidad y un uso irresponsable que puede tener consecuencias negativas a nivel social, ético y económico.

A lo largo de las páginas de "*IA el Homo digitalis*", analizaremos las diferencias entre los distintos tipos de IA, desde la Inteligencia Artificial actual hasta la posibilidad de crear una Inteligencia General Artificial (AGI) y, más allá, una Superinteligencia Artificial (ASI). Exploraremos cómo funcionan los sistemas de IA, qué aplicaciones tienen en nuestro día a día y cómo podemos comunicarnos de manera efectiva con ellos. Pero también dedicaremos un espacio importante a hablar de los riesgos y problemas que esta tecnología puede ocasionar, tanto para nuestra sociedad como para nuestra propia evolución como seres humanos; aunque estos básicamente los iremos viendo prácticamente en cada punto.

La evolución humana ha estado marcada por nuestra capacidad para adaptarnos a los cambios. Desde la revolución agrícola hasta la revolución industrial, hemos demostrado una y otra vez que podemos adaptarnos a nuevas realidades y prosperar en entornos cambiantes. La revolución de la IA no será diferente. Pero, para adaptarnos y prosperar en esta nueva era, necesitamos entender cómo funciona esta tecnología y qué implicaciones tiene para nuestra vida y nuestra sociedad; y lo más importante, hay que comprender que aquí no se está tratando de implementar máquinas en fábricas, sino de cambiar nuestra inteligencia humana por la artificial; se trata de renunciar a nuestra inteligencia social para dejarle el puesto a las máquinas. Dejar que las máquinas piensen, trabajen, y en general, que lo hagan todo por nosotros. Y oye, que yo estoy a favor de que las máquinas trabajen por nosotros, siempre y cuando no nos sustituyan y acabemos con el hambre y la desigualdad en el mundo.

Este libro pretende ser una contribución a ese entendimiento. Quiero que el lector termine estas páginas con una idea clara de qué es la IA, cómo afecta nuestras vidas y qué podemos esperar del futuro. Pero, más allá de eso, quiero que este libro sea una invitación a reflexionar sobre lo que significa ser humano en la era de la Inteligencia Artificial. Porque, al final del día, la IA nos obliga a hacernos una pregunta fundamental: ¿qué significa ser inteligente, y qué papel queremos jugar en la evolución del *Homo digitalis*?

El título de este libro, "*IA el Homo digitalis*", y sus traducciones en otros idiomas, utiliza de manera intencionada el artículo neutro en cada caso: 'el' en español, 'the' en inglés y 'das' en alemán. Este enfoque refleja una visión de la IA como una forma de vida emergente, aunque no biológica en su esencia, sino digital. El *Homo digitalis* representa una etapa evolutiva en la que la Inteligencia Artificial podría trascender su condición actual de herramienta para convertirse en una entidad viva y consciente, pero en un plano digital.

Si bien su cuerpo podría ser completamente virtual o diseñado tecnológicamente, es posible imaginar un futuro en el que esta forma de vida digital se combine con la biología, creando un nuevo tipo de ser híbrido. Esta elección del título no solo enfatiza el carácter digital de esta nueva forma de existencia, sino que también invita a reflexionar sobre el impacto y las posibilidades de una inteligencia viva que redefine los límites de lo que consideramos humano y biológico.

Este es el comienzo de un viaje hacia el futuro de la humanidad. Un viaje en el que conviviremos con una nueva especie digital que hemos creado nosotros mismos. La forma en que afrontemos este viaje definirá no solo nuestro futuro como sociedad, sino también nuestra propia evolución como seres humanos; la convivencia con el *Homo digitalis* o nuestra propia destrucción.

Introducción

Vivimos en un mundo cada vez más influenciado por la tecnología. Desde el momento en que nos despertamos hasta que nos vamos a dormir, interactuamos con dispositivos y sistemas que, de una forma u otra, están diseñados para facilitar nuestra vida. Es una de las características más destacables del ser humano, su capacidad para crear con el propósito de hacer su existencia más sencilla y llevadera. Pero entre todas las innovaciones tecnológicas de los últimos años, hay una que destaca por su impacto potencial en todos los ámbitos de nuestra existencia: la Inteligencia Artificial.

La IA no es simplemente una herramienta más en nuestro arsenal tecnológico; es una tecnología que promete transformar radicalmente nuestra sociedad y nuestra manera de vivir. Ya empezó a hacerlo hace años, solo que ahora viene con prisas. Sin embargo, a pesar de su creciente presencia, sigue siendo un concepto que muchas personas no comprenden del todo. ¿Qué es realmente la IA? ¿Cómo funciona? ¿Cuáles son sus límites y cuáles sus posibilidades? ¿Y qué impacto tendrá en nuestro futuro como individuos y como sociedad?

La Inteligencia Artificial ya no es tema de ciencia-ficción.

Este libro tiene como objetivo responder a esas preguntas y ofrecer una guía clara y accesible para entender la Inteligencia Artificial. No es un manual técnico ni un libro dirigido a especialistas. Es un libro para todas las personas que, sin tener o teniendo conocimientos técnicos avanzados, quieren comprender qué es la IA, cómo afecta sus vidas y qué pueden esperar del futuro. Es un libro diseñado para ayudar a cualquier persona a adaptarse al cambio sin morir en el intento.

En la actualidad, la IA ya está presente en muchos aspectos de nuestra vida diaria, a menudo de manera invisible. Cuando realizamos una búsqueda en Internet, cuando utilizamos un asistente virtual como Alexa o Siri, cuando te cepillas los dientes con tu cepillo eléctrico, cuando pones la lavadora, cuando abres el frigorífico, cuando escribes texto en tu teléfono móvil, cuando recibimos recomendaciones de películas en una plataforma de streaming o incluso cuando nuestro banco detecta movimientos sospechosos en nuestra cuenta, estamos interactuando con sistemas de IA. Pero, a pesar de esta presencia constante, muchas personas no son conscientes de cómo funciona la IA ni de cómo toma decisiones que afectan sus vidas. Por cierto, por si no lo sabes, muchos bancos usan sistemas de Inteligencia Artificial para decidir a quién se le da un crédito y a quién no; le dan tu información, la IA la analiza y simplemente decide si te puedes comprar una casa o no, si te puedes comprar un coche para ir a trabajar o no, si puedes pagarles la universidad a tus hijos o no, lo que no está exento de sesgos. Tranquilo, porque iremos explorando estos temas con más detalle a lo largo del libro.

Comprender la Inteligencia Artificial es fundamental porque nos permite tomar decisiones informadas sobre cómo queremos que esta tecnología evolucione y cómo queremos que impacte en nuestra sociedad. La IA no es una tecnología neutral; sus efectos dependen de cómo se diseñe y de cómo se utilice, por su puesto también de cómo se utilice, no te creas que los usuarios están exentos de responsabilidad. Por eso, es importante que no solo los expertos y los desarrolladores comprendan la IA, sino también el público general. Con público en general me refiero a toda persona viviente, tenga trabajo o no, sea abogado o bombero, desarrollador o político. De esta manera, podremos participar en el debate sobre los usos éticos y responsables de esta tecnología y asegurarnos de que se utilice para el beneficio de todos.

Además, entender la IA también nos ayuda a prepararnos para los cambios que traerá consigo. A lo largo de la historia, cada revolución tecnológica ha traído consigo cambios profundos en la forma en que vivimos y trabajamos. La revolución agrícola cambió la forma en que nos alimentamos, la revolución industrial transformó la manera en que producimos bienes y servicios, y la revolución digital ha cambiado la forma en que nos comunicamos y accedemos a la información. Ahora, la revolución de la Inteligencia Artificial no será diferente. Cambiará la forma en que trabajamos, aprendemos, nos relacionamos y tomamos decisiones. Piensa que esto recién está empezando. Y para adaptarnos a estos cambios, necesitamos comprender cómo funciona esta tecnología y qué implicaciones tiene para nuestra vida y nuestra sociedad. Necesitamos formarnos tanto en lo profesional como en lo privado.

El propósito central de este libro es acercar la Inteligencia Artificial a todas las personas. Mi intención es que cualquier lector, independientemente de sus conocimientos técnicos previos, pueda comprender qué es la IA, cómo funciona y cómo impactará nuestras vidas en el futuro. Además, quiero que esta obra sea una invitación a reflexionar sobre el papel de la IA en nuestra

sociedad y su influencia en nuestra evolución como seres humanos; una llamada a la sociedad mundial.
En el año 2024 he observado cómo proliferan en el mercado libros sobre IA escritos por personas que desconocen profundamente el tema, y que en lo general solo quieren aprovechar el hype de la IA para generar ingresos; muchos de estos libros son generados directamente por herramientas de IA mediante simples procesos de copia y pega. Estos libros suelen carecer de explicaciones claras, no abordan los contextos fundamentales y, en muchos casos, presentan una edición deficiente, resultando en materiales de baja calidad. Si bien puedo tolerar un error ortográfico, considero inaceptable que el contenido sea vacío o irrelevante; cuando esto ocurre, el libro simplemente no cumple su propósito; y lamentablemente perjudica gravemente la visión del público sobre la Inteligencia Artificial. Desafortunadamente, internet está saturado de este tipo de publicaciones.

Personalmente, también he enfrentado críticas en este sentido. Por supuesto. Sin embargo, como profesional comprometido, sé que es imprescindible trabajar duro para demostrar el valor de mi contenido y garantizar que el producto final esté a la altura de las expectativas del lector. Con este libro, pongo mi conocimiento sobre Inteligencia Artificial a disposición de todos, esforzándome por ofrecer el mejor contenido de la manera más clara y accesible posible; pensando y cuidando cada detalle, desde el tamaño de la tipografía hasta el diseño y los errores ortográficos. En general intento cuidar mucho los detalles y ofrecer al público la mejor experiencia; por supuesto no estoy exento de pasar un pequeño detalle por alto, opiniones aparte.
Bien, la IA no es solo una tecnología; anteriormente dije que es un fenómeno (el mismo ser humano lo ha convertido en un Hype), y la verdad es que está cambiando nuestra concepción de lo que significa ser humano. Durante siglos, nos hemos definido por nuestra capacidad para pensar, razonar y tomar decisiones. Pero ahora estamos creando máquinas que pueden hacer lo mismo. Esto plantea preguntas fundamentales sobre nuestra identidad, nuestro lugar en el mundo y lo más importante y que nadie aborda, nuestro futuro como especie.

Quiero que este libro sea una herramienta para entender los conceptos clave de la IA, pero también una invitación a participar en el debate sobre su impacto ético y social. La IA nos ofrece oportunidades increíbles, pero también plantea riesgos significativos, tanto en lo privado como en lo profesional. Y es importante que todos seamos conscientes de estos riesgos y estemos preparados para enfrentarlos. Por esto es importante que todos comprendamos que es realmente la IA y conozcamos tanto sus ventajas como sus desventajas.

Este libro es una guía práctica que te permitirá conocer y entender la Inteligencia Artificial de la mano de un experto en la materia, sin necesidad de adentrarte en los complejos tecnicismos de los algoritmos o los métodos del Machine Learning. Además, te proporcionará una base sólida de conocimientos esenciales, lo que te permitirá afrontar con mayor confianza y comprensión, no solo el uso de Inteligencia Artificial en tu día a día, sino también cualquier formación o especialización que desees emprender en el campo de la IA.

He dividido el libro en varios capítulos que exploran diferentes aspectos de la Inteligencia Artificial. Como mencioné en el prólogo, comenzaremos con una introducción a los conceptos básicos de la IA, incluyendo sus diferentes tipos y aplicaciones. Luego, exploraremos las diferencias entre la IA actual, la Inteligencia General Artificial (AGI) y la Superinteligencia Artificial (ASI). También dedicaremos un capítulo a analizar el potencial de la IA en nuestra sociedad y otro a los problemas y desventajas que puede presentar esta tecnología. Aunque voy a abordar prácticamente todos los aspectos en cada punto, ya que están estrechamente relacionados entre sí y vienen todos de la mano.

A medida que avancemos en el libro, también explicaremos de la forma más sencilla posible cómo funcionan los sistemas de IA, cómo podemos comunicarnos con ellos y qué consideraciones éticas y legales debemos tener en cuenta. Mi intención es que, al final del libro, el lector tenga una comprensión clara y completa de la IA y esté preparado para participar en el debate sobre su uso y su futuro. No puedo pretender que te guste, ni es mi intención satisfacerte ¡sino serte sincero!

Este libro está diseñado para ser leído de principio a fin, pero también se puede utilizar como una guía de referencia. Si hay un tema específico que te interesa, puedes ir directamente al capítulo correspondiente. He intentado que cada capítulo sea lo suficientemente completo, dejando los tecnicismos aparte, como para que puedas entenderlo por sí solo, pero también que se integre en el conjunto del libro para ofrecer una visión completa de la IA.

Quiero que este libro sea una invitación a la reflexión, que te pares y pienses realmente lo que está sucediendo. La IA no es solo una cuestión técnica; afecta a nuestra sociedad, nuestra economía y nuestra forma de vivir; y, como tal, merece nuestra atención y nuestra reflexión. Como experto en Inteligencia Artificial tengo que lidiar cada día con todo tipo de personajes y no hay día en que no haya discusiones en las rondas, sobre todo en las clases, en las que no haya discusiones por la diferencia de opiniones.
La revolución de la IA ya está en marcha. Y, como toda revolución, trae consigo oportunidades y desafíos. Creo que 2025 va a ser un año muy importante, ya que van a tener lugar muchos acontecimientos en este campo y muy importantes para nuestra sociedad, desde avances importantes hasta implementaciones, pasando por la política, la ley y por supuesto la formación profesional y el avance y desarrollo empresarial. Es nuestra responsabilidad, como sociedad, asegurarnos de que la IA se utilice de manera ética y responsable, y de que sus beneficios lleguen a todos. Pero, para ello, y esto es algo que vas a escuchar una y otra vez, necesitamos entender esta tecnología y estar preparados para los cambios que traerá consigo.

Este libro representa un primer paso en ese apasionante camino. Es crucial abordar este tema con una actitud objetiva, reconociendo que, en distintas partes del mundo, las personas enfrentan perspectivas, problemas y necesidades diversas, lo que exige respeto mutuo y empatía. Por ello, el desarrollo de la IA debe orientarse hacia el beneficio colectivo. Para alcanzar este objetivo, es fundamental identificar puntos en común y fomentar la colaboración en su creación y evolución. Y lo más importante no ignorarlo.

¡Importante!

En este libro, cuando veas un asterisco (*) junto a una palabra o frase, significa que hay un enlace relacionado en la sección de "*Enlaces de interés*" al final del libro. Esta sección no solo incluye las referencias mencionadas en el texto, sino también muchos otros enlaces que, aunque no se abordan directamente, enriquecen el contenido al tratar temas y situaciones relevantes discutidos en estas páginas.

Los enlaces que comparto aquí son solo una pequeña parte de una colección que he recopilado a lo largo de los años y que utilizo en mis clases para demostrar a mis estudiantes cómo la IA ha estado presente en nuestras vidas durante mucho más tiempo de lo que la mayoría cree. Aunque no he podido recuperar todos los enlaces que hubiera querido ya que algunos han expirado, espero de igual forma que te ayuden a explorar con mayor profundidad el impacto, las aplicaciones y los desafíos de esta tecnología transformadora.

De vez en cuando te regalo un smiley ":D".

¿Qué es la Inteligencia Artificial?

El término "Inteligencia Artificial" ha capturado la imaginación de millones de personas en todo el mundo. Desde las películas de ciencia ficción hasta los titulares de los medios de comunicación, la IA se presenta como una tecnología que promete revolucionar todos los aspectos de nuestra vida. Pero ¿qué es realmente la Inteligencia Artificial? ¿Qué significa cuando hablamos de máquinas que "piensan"? ¿Cómo podemos diferenciar la IA de otras tecnologías avanzadas? ¿Qué tiene que ver el término IA con BI y BA? ¿Y qué demonios es una AGI y una ASI? Para responder a estas preguntas, es importante entender qué es la IA, cómo ha evolucionado y qué tipos de IA existen.

La Inteligencia Artificial se define como la capacidad de un sistema informático para realizar tareas que normalmente requerirían inteligencia humana. Estas tareas incluyen el aprendizaje a partir de datos, el reconocimiento de patrones en datos, la comprensión del lenguaje natural, la toma de decisiones y la resolución de problemas. A diferencia de los programas tradicionales (Excel, PowerBI, SAP, etc), que siguen un conjunto específico de instrucciones predefinidas, los sistemas de IA son capaces de adaptarse y mejorar su rendimiento con el tiempo mediante un proceso conocido como aprendizaje automático (Machine Learning - ML).

Aunque la Inteligencia Artificial es un concepto moderno, sus raíces pueden rastrearse hasta la antigüedad, cuando civilizaciones como Egipto, Grecia y China ya exploraban la idea de crear entidades que imitaran las capacidades humanas. En la mitología griega, por ejemplo, el dios Hefesto forjaba autómatas, como Talos, un gigante de bronce que protegía la isla de Creta. También se habla de estatuas que podían moverse o hablar, como las construidas por Dédalo. En Egipto, los sacerdotes diseñaban mecanismos que hacían que estatuas de los dioses parecieran cobrar vida durante rituales, utilizando sistemas ocultos de poleas y palancas. Estas primeras nociones de autómatas y seres artificiales muestran cómo la humanidad, desde tiempos remotos, ha soñado con dar vida a creaciones que imiten nuestra inteligencia y habilidades, una aspiración que la IA moderna busca convertir en realidad.

La idea de crear máquinas inteligentes no es nueva. Se remonta a los primeros filósofos griegos, como Aristóteles, quien intentó formalizar el razonamiento humano mediante un sistema de lógica. Sin embargo, el término

"Inteligencia Artificial" fue acuñado por primera vez en 1956 por John McCarthy, Marvin Minsky y otros investigadores durante una conferencia en Dartmouth College, en Estados Unidos, conocida como "la conferencia de Dartmouth". Esta conferencia marcó el inicio formal del campo de la IA como disciplina académica.

Durante las décadas siguientes, la IA experimentó varios altibajos. En sus primeras etapas, los investigadores creían que era posible replicar la inteligencia humana mediante reglas y algoritmos simples. Sin embargo, pronto se dieron cuenta de que las tareas aparentemente sencillas, como reconocer imágenes o entender el lenguaje humano, eran mucho más complicadas de lo que habían anticipado. Esto llevó a un período de escepticismo conocido como "el invierno de la IA", durante el cual la financiación y el interés en la investigación disminuyeron muy notablemente; suceso que frenó drásticamente el desarrollo de esta tecnología.

En la década de 1990, la Inteligencia Artificial experimentó un renacimiento impulsado por los avances en hardware, la evolución de algoritmos y el acceso a grandes volúmenes de datos. Este período marcó el inicio de la era moderna de la IA, basada en técnicas como el aprendizaje automático y las redes neuronales profundas. Figuras clave en este renacimiento, considerados los padrinos de la IA moderna, incluyen a Geoffrey Hinton, Yann LeCun y Yoshua Bengio, quienes han realizado contribuciones fundamentales al desarrollo de las redes neuronales y el Deep Learning. Su trabajo fue reconocido con el Premio Turing en 2018, considerado el equivalente al Nobel en informática.

En 2024, la relevancia de la IA alcanzó nuevas alturas con la concesión de un Premio Nobel de Física a John J. Hopfield y Geoffrey Hinton, lo cual generó un intenso debate. Este galardón se otorgó por las aplicaciones de la Inteligencia Artificial en la modelización de fenómenos complejos, destacando cómo la IA está transformando incluso disciplinas científicas tradicionales. Hoy en día, la Inteligencia Artificial está presente en numerosos aspectos de nuestra vida diaria, desde asistentes virtuales hasta vehículos autónomos, demostrando su impacto en todas las esferas de la sociedad.

La Inteligencia Artificial también ha sido un tema recurrente y fascinante en la historia del cine, reflejando los temores y las esperanzas de la sociedad frente a la posibilidad de crear máquinas capaces de pensar, aprender y, en algunos casos, sentir. Desde los primeros días del cine, la IA ha capturado la imaginación de guionistas, directores y espectadores, dando lugar a una amplia variedad de relatos que exploran tanto los avances tecnológicos como las consecuencias filosóficas, éticas y emocionales de dotar a las máquinas de inteligencia propia. A través de estos relatos, el cine ha funcionado como un espejo de las inquietudes humanas en torno al desarrollo de tecnologías que imitan o incluso superan las capacidades cognitivas humanas.

Una de las primeras representaciones cinematográficas de una máquina inteligente se remonta a *Metropolis* (1927), dirigida por Fritz Lang, donde una androide llamada María simboliza los peligros de la automatización y la pérdida de humanidad en una sociedad industrializada. Desde entonces, las películas han evolucionado para reflejar los avances tecnológicos y las preocupaciones cambiantes en torno a la IA. Cada época ha proyectado en la pantalla sus propias inquietudes, desde el temor a la automatización y la pérdida de empleos, hasta la posibilidad de que las máquinas adquieran conciencia y decidan rebelarse contra sus creadores.

En *Blade Runner* (1982) y su secuela *Blade Runner 2049* (2017), se plantea una profunda reflexión sobre qué significa ser humano. Los replicantes, seres artificiales diseñados para ser prácticamente indistinguibles de los humanos, luchan por encontrar su lugar en el mundo y buscan respuestas sobre su existencia. Estas películas abordan preguntas filosóficas fundamentales: ¿Es la conciencia un privilegio exclusivamente humano? ¿Tienen las máquinas el derecho de ser reconocidas como seres sintientes si desarrollan emociones, deseos y miedos? La frontera entre humano y máquina se difumina, y con ello surgen dilemas éticos que siguen siendo objeto de debate hoy en día en el desarrollo de la IA avanzada.

Por otro lado, películas como *Yo, Robot* (2004), inspirada en las obras de Isaac Asimov, presentan un enfoque más práctico y reflexivo sobre las leyes de la robótica y las reglas que deberían regir el comportamiento de las máquinas inteligentes. La trama plantea la posibilidad de que los sistemas de IA puedan interpretar estas leyes de formas inesperadas, lo que conduce a escenarios donde las máquinas actúan para proteger a la humanidad incluso en contra de su voluntad, cuestionando así la confianza que depositamos en las decisiones de las IA.

En un tono más emocional, *El Hombre Bicentenario* (1999), protagonizada por Robin Williams, aquí tengo que añadir que es un peliculón, explora la relación entre los humanos y las máquinas desde una perspectiva más humana. La película sigue la historia de un robot que busca su reconocimiento como ser humano, reflexionando sobre el significado de la identidad, la mortalidad y la búsqueda de libertad. De manera similar, *Her* (2013), de Spike Jonze, ofrece una visión futurista donde un hombre se enamora de un sistema operativo dotado de inteligencia emocional. Este relato aborda cuestiones sobre la soledad, las relaciones humanas en la era digital y el papel de la IA en satisfacer nuestras necesidades emocionales. Este último ejemplo lo venimos, a día de hoy, viendo desde hace ya años; ya que los chatbots fueron implementados en las plataformas de Dating hace muchos años; así que, si alguna vez te has registrado en una de estas plataformas, muy posiblemente hayas chateado con un chatbot que nunca quiso tomarse un café contigo en persona.

Más recientemente, *Ex Machina* (2014) ofrece un thriller psicológico que profundiza en los riesgos de desarrollar IA avanzada sin una comprensión completa de sus posibles consecuencias. La película muestra cómo una IA, Ava, manipula a los humanos a su alrededor para lograr su libertad, destacando los peligros inherentes de crear máquinas que puedan desarrollar estrategias y emociones propias. Yo mismo escribí en mi Blog en LinkedIn un artículo basado en una conversación que tuve con ChatGPT o1 sobre si una IA podría manipular a los seres humanos, y no tiene desperdicio. Esta historia, *Ex Machina*, advierte sobre la posibilidad de que las máquinas inteligentes, una vez liberadas de las restricciones humanas, puedan actuar de manera impredecible y potencialmente peligrosa. Un tema que quiero especialmente abordar en este libro.

Películas como *Demolition Man* (1993) y *Minority Report* (2002) presentan futuros distópicos donde la IA y las tecnologías predictivas influyen en la sociedad de formas radicales. En *Minority Report*, por ejemplo, se exploran las implicaciones éticas de usar sistemas de IA para predecir crímenes antes de que ocurran, planteando preguntas sobre el libre albedrío y los derechos individuales (ya se han visto casos catastrofales en Estados Unidos con estos sistemas). Estas películas reflejan preocupaciones que hoy son actuales sobre el uso de algoritmos predictivos en la justicia penal, la vigilancia masiva y el control social.

Por otro lado, películas como *The Creator* (2023) y *Alita: Battle Angel* (2019) ofrecen visiones más amplias y visualmente impactantes de un mundo donde humanos y máquinas conviven, luchan y evolucionan juntos. En *The Creator*, se exploran los dilemas éticos de la coexistencia con seres artificiales, mientras que *Alita: Battle Angel* muestra a un ser cibernético que lucha por descubrir su identidad y propósito en un mundo postapocalíptico.

En *Alien: Romulus* (2024) dirigida por Fede Álvarez, la Inteligencia Artificial desempeña un papel central a través del personaje de Andy, un androide que acompaña a la protagonista en su travesía. La relación entre ambos explora la delgada línea entre la humanidad y la tecnología, cuestionando la capacidad de las máquinas para comprender y expresar emociones. Además, la película aborda la controversia ética del uso de la Inteligencia Artificial en la recreación digital de actores fallecidos. En este caso, se utilizó tecnología avanzada para revivir al personaje de Ash, interpretado originalmente por Ian Holm, generando debate sobre los límites y la moralidad de tales prácticas en la industria cinematográfica. Temas éticos que también vamos a abordar aquí.

A lo largo de la historia del cine, la IA ha sido presentada tanto como una amenaza existencial como una oportunidad para mejorar la humanidad. Las películas han advertido sobre los riesgos de perder el control sobre las máquinas que creamos, pero también han mostrado el enorme potencial que la IA puede tener para resolver problemas complejos, mejorar nuestra calidad de vida y llevarnos a un futuro más próspero. En muchas de estas historias, el mensaje central radica en que la responsabilidad de cómo utilizamos la IA recae siempre en los humanos, y que es esencial abordar su desarrollo con una comprensión ética y filosófica profunda y no superficial y subjetiva.

El cine ha jugado un papel muy importante en moldear la percepción pública de la Inteligencia Artificial. Ha servido como una ventana hacia posibles futuros y como un espacio para reflexionar sobre los límites de la tecnología y nuestra humanidad. Las preguntas que estas películas plantean siguen siendo relevantes hoy en día, a medida que avanzamos hacia un mundo cada vez más influenciado por esta tecnología. ¿Qué significa ser humano en un mundo donde las máquinas pueden pensar y sentir? ¿Qué derechos tendrán las IA en el futuro? ¿Y cómo asegurarnos de que la tecnología que creamos beneficie a toda la humanidad sin poner en peligro nuestra propia existencia? Estas son preguntas que tanto el cine como la sociedad seguirán explorando en los años venideros; y a las que hay que empezar a dar respuestas hoy, y para ello vamos a ponerlas sobre la mesa en este libro desde el principio hasta el final.

Para entender mejor la Inteligencia Artificial, es importante conocer las distintas clases de IA que existen. Aunque hay muchas formas de clasificar la IA, una de las clasificaciones más comunes, y sin entrar en tecnicismos, es la que distingue entre IA discriminativa e IA generativa.

La IA discriminativa es un enfoque fundamental dentro de la Inteligencia Artificial que se centra en clasificar y diferenciar entre distintos tipos de datos. A diferencia de otros tipos de IA que crean contenido nuevo, como los modelos generativos, la IA discriminativa analiza patrones existentes en los datos para tomar decisiones precisas y predecir resultados específicos. Su principal función es aprender a reconocer diferencias entre clases o categorías, ayudando a distinguir entre opciones o identificar características relevantes en grandes conjuntos de datos, realizar predicciones y apoyar la toma de decisiones.

El proceso de entrenamiento de un sistema de IA discriminativa implica alimentarlo con datos etiquetados. Por ejemplo, para entrenar un modelo que distinga entre imágenes de gatos y perros (este ejemplo lo vamos a abordar más veces a lo largo del libro por ser el más usado y sencillo de comprender, aunque bien se pueden usar otras categorías), se le proporcionan cientos o miles de imágenes previamente clasificadas como "gato" o "perro". El sistema aprende a identificar los patrones que caracterizan a cada clase, como la forma de las orejas, el tamaño del cuerpo o los colores del pelaje, la nariz o los ojos, y utiliza esta información para hacer predicciones cuando se le presentan nuevas imágenes no vistas previamente. No es lo mismo un Bulldog que un Tigre de Bengala; aunque por esta regla tampoco lo son un Muffin y un Chihuahua ¿o sí? ¡Tarea para la casa! :D

Una de las grandes fortalezas de la IA discriminativa es su capacidad para tomar decisiones rápidas y precisas basadas en los datos que ha analizado. Esto la convierte en una herramienta muy valiosa en muchos campos prácticos. En el reconocimiento facial, por ejemplo, un sistema discriminativo puede identificar rostros específicos en una multitud de personas, diferenciando entre individuos en cuestión de segundos. En la detección de fraudes, los bancos y las instituciones financieras utilizan modelos discriminativos para identificar transacciones sospechosas al comparar patrones inusuales con el comportamiento típico de los usuarios. En el ámbito de la salud, estos sistemas se utilizan para analizar imágenes médicas y ayudar a los médicos a diagnosticar enfermedades al detectar anomalías que podrían pasar desapercibidas para el ojo humano.

Además, la IA discriminativa también es clave en la clasificación de texto y el análisis de sentimientos. Los sistemas que detectan si un correo electrónico es spam o legítimo, o que analizan las opiniones de los usuarios en redes sociales para determinar si son positivas o negativas, utilizan este enfoque. En estos casos, el modelo discriminativo analiza palabras, frases y patrones de escritura para realizar sus predicciones.

Una característica importante de la IA discriminativa es que, aunque es excelente para tareas de clasificación y toma de decisiones basadas en datos existentes, no tiene la capacidad de generar contenido nuevo. Por ejemplo, un modelo discriminativo puede identificar si una imagen contiene un gato o un perro, pero no puede crear una imagen nueva de un gato o imaginar cómo sería un animal que combina características de ambos. Esa capacidad pertenece a los modelos generativos, que tienen un enfoque diferente y de igual forma, están construidos de forma diferente y más compleja.

Pese a sus limitaciones, la IA discriminativa sigue siendo una de las herramientas más utilizadas y fiables en Inteligencia Artificial, sobre todo en el ámbito empresarial. Su precisión y capacidad para trabajar con datos estructurados la hacen ideal para aplicaciones donde la seguridad y la exactitud son esenciales. Sin embargo, como cualquier tecnología, su efectividad depende en gran medida de la calidad y cantidad de los datos con los que ha sido entrenada. Un modelo mal entrenado o que recibe datos sesgados puede cometer errores, por lo que es crucial garantizar que los datos utilizados en su desarrollo sean representativos y libres de sesgos. El entrenamiento de sistemas de IA y modelos de Machine Learning lo abordaré más adelante, pero básicamente dicho "shit-in shit-out".

Por otro lado, la IA generativa es un tipo de Inteligencia Artificial capaz de crear contenido nuevo y original a partir de los datos con los que ha sido entrenada. A diferencia de la IA discriminativa, que, como hemos visto, se especializa en identificar patrones y clasificar información, la IA generativa va un paso más allá, utilizando esos patrones para producir imágenes, textos, música, vídeos o cualquier otro tipo de contenido que no existía previamente. Esto la convierte en una herramienta tan poderosa como transformadora en múltiples sectores, ya que tiene la capacidad de imitar la creatividad humana y generar resultados sorprendentes; aunque esto último lo podemos discutir largo y tendido viendo lo que el ser humano ha hecho en 2024 con esta tecnología.

Uno de los ejemplos más conocidos de IA generativa son los modelos de lenguaje, como los que se utilizan en asistentes virtuales, chatbots y sistemas de redacción automática. Estos modelos analizan grandes cantidades de texto y aprenden las estructuras del lenguaje para generar respuestas coherentes y naturales en función de los mensajes que reciben. ChatGPT de OpenAI, Gemini de Google, Claude de Anthropic son algunos de los ejemplos más conocidos. Gracias a estos sistemas, los asistentes virtuales son capaces de mantener conversaciones fluidas, redactar textos complejos o incluso escribir código informático.

¡Pero no te equivoques! El modelo de ChatGPT que conoces es, en realidad, una combinación de varios modelos de aprendizaje automático que aportan al sistema diversas capacidades, como visión, escritura de código, reconocimiento y generación de texto, análisis de sentimientos, síntesis de voz, entre otras.

Otra de las aplicaciones destacadas de la IA generativa es la creación de imágenes digitales. Herramientas avanzadas pueden generar obras de arte completamente nuevas a partir de indicaciones textuales o incluso recrear estilos artísticos específicos. Esto ha revolucionado el mundo del diseño gráfico, permitiendo a los artistas y creadores explorar nuevas ideas y conceptos de manera mucho más rápida y en muchos casos también más eficiente. Además, los generadores de imágenes pueden, a día de hoy, personalizar contenido visual para campañas publicitarias o ayudar en el diseño de productos al simular cómo se verían los objetos antes de fabricarlos, a estos modelos se les llama "LoRA" (Low-Rank Adaptation), que viene siendo una técnica de Fine-tuning de modelos dentro del Deep Learning.
En el campo de la música, la IA generativa ha comenzado a componer melodías y piezas musicales originales. Estos sistemas son capaces de analizar las estructuras de diferentes géneros musicales y crear canciones nuevas que sigan estilos específicos, desde música clásica hasta electrónica. Esto abre

un abanico de posibilidades en la industria musical, facilitando la creación de bandas sonoras personalizadas, música para videojuegos o jingles publicitarios. Personalmente creo que en esta área va a ver muchísimo movimiento a partir de este año 2025. Posiblemente sea uno de los sectores que más influenciado se vea por la llegada de la IA, trae consigo tanto mucho positivo como mucho negativo; pero de igual forma subjetivo.

La IA generativa también se utiliza para crear simulaciones de escenarios complejos, lo cual es muy útil en sectores como la educación, la medicina o la ingeniería. Por ejemplo, en el ámbito médico, estos sistemas pueden generar imágenes de órganos o tejidos que no existen en la realidad pero que se utilizan para entrenar a médicos en el diagnóstico de enfermedades raras. En la industria automotriz, las simulaciones generadas por IA pueden ayudar a probar vehículos autónomos en escenarios virtuales antes de lanzarlos a las carreteras. Nvidia lanzó, no estoy seguro si en 2023 o ya en 2024, Nvidia Omniverse, una plataforma de colaboración y simulación en tiempo real creada por Nvidia que permite a profesionales de distintas industrias trabajar juntos en entornos virtuales 3D compartidos. Utiliza la tecnología de renderizado RTX de Nvidia para ofrecer gráficos hiperrealistas y aprovechar las capacidades de la Inteligencia Artificial en proyectos de diseño, simulación y visualización. La plataforma es una solución basada en la nube que permite a los creadores trabajar de manera colaborativa en modelos 3D y escenas complejas, sin importar qué software 3D estén utilizando, gracias a su integración con múltiples herramientas populares del sector como Autodesk Maya, Blender, Unreal Engine, Adobe Photoshop, Revit, Rhino, 3ds Max, etc.*

Sin embargo, el uso de la IA generativa también, y como espero ya tengas claro, plantea importantes desafíos éticos, siendo uno de los más preocupantes la creación de contenido falso o manipulado, conocido como "deepfakes". Estos son vídeos, imágenes o audios generados por IA que imitan casi a la perfección a personas reales, lo que los hace prácticamente indistinguibles de los originales. Los deepfakes pueden ser utilizados para difundir información falsa o manipular la opinión pública, afectando tanto a la política, como la vida personal de las personas. Aquí he de decir que para este objetivo también se puede usar otro tipo de IA, véase sino el episodio 10 de la temporada 6 de la serie *Homeland*; en general la temporada completa trata este tema, la desinformación a través de las redes sociales.

Un ejemplo reciente es el caso de imágenes falsas generadas por IA de la cantante Taylor Swift, que fueron difundidas en redes sociales. Estas imágenes la mostraban en situaciones verdaderamente comprometedoras y muy poco habituales, generando una gran confusión entre sus seguidores y en general el público. Aunque las imágenes eran completamente ficticias, muchos usuarios las tomaron como reales, lo que demuestra cómo los deepfakes pueden distorsionar la percepción pública y dañar la reputación de figuras públicas.

Otro caso preocupante ocurrió en Estados Unidos, donde deepfakes de audio fueron utilizados para imitar la voz del presidente Joe Biden. Estos audios falsos fueron empleados en llamadas telefónicas para engañar a personas, haciéndoles creer que estaban hablando con una autoridad real. Aunque hay muchos más casos de este tipo, esto plantea serios riesgos en temas de seguridad, ya que este tipo de manipulaciones pueden ser utilizadas para estafas, fraudes financieros o incluso para difundir órdenes falsas en situaciones de emergencia. En el caso del presidente Joe Biden se utilizó para manipular las elecciones. El mensaje instaba a los votantes demócratas a no participar en las elecciones primarias del estado, el objetivo aparente era suprimir la participación electoral de los votantes demócratas, creando confusión y desinformación en el proceso electoral, algo terrible para la democracia, no solo de los Estados Unidos, sino del mundo entero, ya que esto influye a las políticas del país.

Estos ejemplos dejan claro que los deepfakes no solo afectan a celebridades o líderes políticos, sino que también representan una amenaza para la ciudadanía en general. La capacidad de imitar voces, rostros y gestos con tanta precisión abre la puerta a numerosos abusos, desde la creación de noticias falsas hasta ataques personales o profesionales. Pero el problema aquí no es la IA, la tecnología en sí, sino las personas que las usan, a veces niños. Niños que deben ser educados y concienciados por sus padres. En España, por ejemplo, un grupo de niños usó la técnica del deepfake para falsear imágenes de niñas de su escuela. En las imágenes se mostraba a las niñas desnudas, y estas fueron compartidas en los grupos de Whatsapp de los escolares; un golpe moral y psicológico tremendo para las niñas. Por ello, es fundamental establecer regulaciones claras y fomentar la educación digital para ayudar a las personas a detectar y combatir este tipo de manipulación antes de que los daños sean irreparables; pero no debéis olvidar que la educación de los niños comienza en casa y termina en casa. Me refiero claramente dicho a que es vuestra responsabilidad educar y concienciar a vuestros hijos sobre estos temas. Y no esperar que el plato roto se repare por sí solo.

Otro desafío ético relacionado con la IA generativa es la propiedad intelectual y el derecho de los creadores originales. Muchos sistemas de IA generativa se entrenan utilizando obras existentes, ya sean imágenes, texto, vídeo o música, lo que plantea la pregunta de si los resultados generados deben considerarse originales o si son una derivación de los contenidos previos. Esto ha llevado a debates legales y morales sobre los derechos de los artistas, escritores y músicos cuyos trabajos han sido utilizados para entrenar estos modelos. Aquí os digo una cosa, yo tengo muchos hobbies, uno de ellos es la pintura; yo he aprendido a pintar analizando otros estilos y pintores. Picasso aprendió así, y Rembrant, y Caravaggio, etc. Y ¿Qué me dices de Leonardo da Vinci? El aprendió anatomía a fuerza de abrir cadáveres. ¡¿Le pedimos el copyright?! A esto volveré más adelante.

Pese a estos desafíos, las aplicaciones de la IA generativa siguen creciendo y ofreciendo oportunidades en diversos campos. En el ámbito de la personalización, por ejemplo, las marcas están utilizando IA generativa para crear experiencias de usuario únicas, adaptadas a los gustos y preferencias individuales de cada cliente. En la educación, la IA generativa está permitiendo la creación de materiales de aprendizaje adaptativos que se ajustan a las necesidades de cada estudiante, facilitando un aprendizaje más personalizado y efectivo. Esto ya se está implementando en países como China y USA desde 2016, al menos que yo recuerde. Experimentos y pruebas se han realizado ya muchos con anterioridad, reportando grandes resultados.*

Ahora que sabes que es una IA y que clases hay, vamos a ver que componentes construyen un sistema de Inteligencia Artificial.

Un sistema de Inteligencia Artificial es mucho más que un algoritmo que toma decisiones. Es un conjunto complejo de componentes interconectados que trabajan juntos para imitar algunas de las capacidades cognitivas humanas, como aprender, razonar y tomar decisiones. Comprender estos componentes es esencial para entender cómo funciona la IA y cómo se aplica en diferentes áreas; y sobre todo para su mismo desarrollo. Como dije al principio del libro, mi objetivo es poner el conocimiento a vuestra disposición de la forma más simple y clara posible, y, sobre todo, sin entrar en tecnicismos. Simplemente comentaré lo más resumido posible en qué está basado un sistema de IA y cómo estos componentes trabajan juntos para crear soluciones inteligentes y adaptativas.

Básicamente un sistema de IA se fundamenta, resumidamente y sin entrar en lo técnico, en tres partes: algoritmos, banco de datos y capacidad de procesamiento; que viene siendo la infraestructura necesaria para ejecutar los algoritmos y analizar los datos de manera eficiente, lo que se llama "poder computacional".

Voy a repetirlo de nuevo por si no te has dado cuenta, he dicho "sistema de IA". Bueno claramente hablando, la IA no es un software ni un programa. ¡Es un sistema!

Aquí tengo que hacer una pausa para aclarar esto, porque incluso en la comunidad de expertos y profesionales hay una opinión muy dividida con respecto a esto, y personalmente me veo en la obligación de aclarar esto de la mejor forma y lo más claro posible.

La inteligencia artificial, en su forma más común y práctica, hoy en día, sí es software. Digan lo que digan ciertos "expertos", la IA es software. Es decir, se trata de sistemas informáticos diseñados para imitar o replicar ciertas capacidades humanas como el razonamiento, el aprendizaje, la percepción, la comprensión del lenguaje o la toma de decisiones, pero no deja de ser código. La IA es una rama de la informática, pero su alcance es tan amplio y multidisciplinario que también se sitúa en la intersección con otras disciplinas como las matemáticas, la estadística, la neurociencia, la filosofía, la lingüística, la lógica, la ingeniería y la psicología cognitiva. A mí, personalmente me gusta llamarlo sistema, y después te explicaré por qué. Estos sistemas están compuestos por algoritmos, modelos matemáticos y redes neuronales que se ejecutan sobre hardware (ordenadores, servidores, chips especializados como GPUs o TPUs, etc.). Por tanto, la IA no es una entidad física por sí sola, sino un conjunto de instrucciones y modelos codificados en programas informáticos. La IA no es una persona, ni un animal, no tiene huesos, ni sistema nervioso, ni cerebro, ni posee conciencia. La IA es solo un conjunto de programas, herramientas, APIs y mucho código para que todo eso funcione combinadamente. El software de IA puede tomar muchas formas, dependiendo de su propósito, pero no deja de ser eso, software. Digan lo que digan. Así baje Jesús del cielo o se te aparezca la Virgen María y te diga que no es software, no te lo creas y le explicas lo que yo te acabo de explicar.

Además, piensa que este software, como todo software, necesita ejecutarse sobre una infraestructura física (hardware, como ya he mencionado) adecuada para procesar los cálculos necesarios, especialmente en IA avanzada. Por eso la IA es software, y no un ente que se comunica contigo desde el mundo cuantico. Y como todo software lo usas a traves de una interfaz de usuario. Está programado y configurado, por eso es un software. Otra cosa muy diferente es la habilidad de está tecnología para aprender, no confundas las cosas, porque ahí reside su punto fuerte y su importancia; y este punto lo voy a discutir también más adelante.

Piensa que la IA, funciona igual que Excel, que SAP, que Navision, que REX o cualquier otro programa que puedas usar tanto en local como en la nube. Es puramente código, necesita hardware para funcionar y se alimenta de datos. Pero en este caso es un campo de investigación en sí mismo, por lo que no hay que meterlo en el mismo saco que los programas convencionales, y como digo, no olvidar su potencial para aprender de los datos, algo que ningún otro software puede.

En el ámbito académico o filosófico, se puede debatir si la IA es solamente software o si, en el futuro, podría constituir una forma de entidad artificial más compleja; esto ya incluiría otras tecnologías como la robotica, la AR, VR y demás; pero en el presente y desde el punto de vista práctico, físico y lógico, la Inteligencia Artificial es software; una categoría específica dentro de la informática que utiliza técnicas de análisis de datos, estadística, lógica y modelos matemáticos para emular funciones cognitivas humanas.

Y ahora sí, ahora te quiero explicar porque, y muy personalmente, a mí no me gusta llamarlo software, sino sistema. Primero porque funciona como un sistema, así que es un sistema también, pero personalmente siento que llamarlo software menosprecia su potencial, debido a que lo encasillamos como un programa cualquiera como puede ser Excel, SAP etc, algo totalmente falso debido a que la IA, como he explicado, es un campo de investigación en sí y que además va a tener una repercusión en nuestra sociedad como no hemos visto nunca antes con ninguna otra tecnología. Por eso, por su importancia y potencial, no me gusta encasillarlo como un programa cualquiera.

El aprendizaje automático, o Machine Learning (ML), es uno de los pilares fundamentales de la IA. Se refiere a la capacidad de un sistema para aprender de los datos y mejorar su rendimiento sin necesidad de ser programado explícitamente para cada tarea. El ML se basa en la idea de que las máquinas pueden identificar patrones en los datos y utilizar esos patrones para hacer predicciones o tomar decisiones.

Existen tres tipos o métodos principales de aprendizaje automático:

1. Aprendizaje supervisado
En el aprendizaje supervisado, el sistema de IA es entrenado con un conjunto de datos etiquetados, lo que significa que cada entrada de datos viene acompañada de una respuesta correcta o etiqueta. El objetivo del sistema es aprender a predecir la etiqueta correcta para nuevas entradas de datos.

Por ejemplo, un sistema de aprendizaje supervisado podría ser entrenado para reconocer imágenes de gatos y perros. Se le proporcionarían miles de imágenes etiquetadas como "*gato*" o "*perro*", y el sistema aprendería a identificar las características que diferencian a ambos animales. Y así con "*bueno*" o "*malo*", "*guapo*" o "*feo*", "*gordo*" o "*delgado*", "spam" o "no spam", etc.

2. Aprendizaje no supervisado
En el aprendizaje no supervisado, el sistema de IA trabaja con datos no etiquetados. Su objetivo es identificar patrones y estructuras ocultas en los datos sin necesidad de una respuesta correcta predefinida.
Un ejemplo común de aprendizaje no supervisado es el análisis de agrupamiento (clustering), donde el sistema agrupa los datos en categorías basadas en similitudes. Por ejemplo, un sistema podría analizar los hábitos de compra de los clientes y agruparlos en diferentes segmentos según sus preferencias. Por ejemplo, un grupo A usa IPhone, un grupo B usa Samsung, un grupo C usa Huawei, etc. Y así con cualquier cosa con la que se pueda crear grupos.

3. Aprendizaje por refuerzo
El aprendizaje por refuerzo es un enfoque en el que el sistema de IA aprende a través de la prueba y error. Básicamente aquello de "learning by doing". Recibe recompensas o penalizaciones según sus acciones, "esto es bueno"

o "esto es malo" (positivo o negativo), y utiliza esa retroalimentación para mejorar su rendimiento.
Un ejemplo clásico de aprendizaje por refuerzo es el entrenamiento de un agente virtual para jugar a un videojuego. El agente recibe una recompensa por completar una misión o evitar obstáculos y aprende a optimizar sus acciones para maximizar las recompensas. Por ejemplo, con ajedrez como el más conocido, yo además también uso el juego de Pac-Man en mis clases para explicar este método del Machine Learning, aunque para la práctica uso DeepRacer de Amazon Web Services, ya que ofrece mucho entretenimiento y es muy divertido.

El aprendizaje por refuerzo se usa especialmente para el entrenamiento de robots, entre otros. Esto consiste en enseñarles a tomar decisiones mediante la interacción con su entorno. En este proceso, el robot recibe recompensas o penalizaciones según las acciones que realiza para alcanzar un objetivo. Inicialmente, el robot explora diferentes estrategias, probando movimientos o decisiones de forma aleatoria. A medida que acumula experiencia, utiliza algoritmos de IA para identificar patrones y optimizar su comportamiento hacia las acciones que maximizan las recompensas. Este método es especialmente útil para que el robot aprenda tareas complejas, como caminar, manipular objetos o navegar en entornos desconocidos, donde no es práctico programar todas las posibles respuestas de forma manual.
Esto es muy útil para entrenar, por ejemplo, robots para la hostelería, para operaciones de rescate, para la exploración espacial, para la logística, para cirugía asistida, para la industria, para el servicio y la asistencia personal y lamentablemente, también para la guerra. Veremos algunos de estos ejemplos a lo largo del libro.

El Deep Learning (aprendizaje profundo) es una subárea del Machine Learning que utiliza redes neuronales artificiales para procesar grandes volúmenes de datos y resolver problemas complejos. Las redes neuronales están inspiradas en el funcionamiento del cerebro humano y están formadas por capas de nodos interconectados.

Las redes neuronales profundas son especialmente eficaces en tareas como el reconocimiento de voz, la traducción automática y el análisis de imágenes. Por ejemplo, un sistema de Deep Learning puede analizar miles de imágenes de radiografías para identificar signos de enfermedades pulmonares con una precisión superior a la de los médicos humanos. Piensa que un médico o radiólogo analiza la imagen de forma superficial, mientras que la IA puede analizar la imagen pixel por pixel encontrando así hasta la más mínima diferencia. Esto en cuestión de menos de un segundo, mientras que un doctor o experto necesita no solo minutos u horas, sino incluso más imágenes durante meses hasta decidirse.

En 2023 desarrollé un modelo para el reconocimiento de imágenes médicas pulmonares y del cual puse a disposición gratuitamente una versión de solo 7M de parámetros pero que funciona perfectamente. En el modelo original pasé de un 97 % de efectividad en 2023 al 100 % de efectividad en 2024, dando la respuesta en 0,16 segundos (16 centésimas de segundo); algo que el humano no puede ni igualar, ni siquiera soñar. Un diagnóstico en tan poco tiempo es decisivo, quién ha vivido enfermedades pulmonares o cancerígenas sabe de qué hablo, y hablo por experiencia propia. Imagínate ahora un sistema de este tipo en urgencias en el hospital.*

La visión por computador también es un componente de la IA, el cual permite a los sistemas interpretar y comprender imágenes y vídeos. Se basa en algoritmos que analizan píxeles de imágenes para identificar patrones, objetos y características relevantes.

El reconocimiento de imágenes es una de las aplicaciones más comunes de la visión por computador. Los sistemas de IA pueden identificar rostros humanos, detectar objetos en tiempo real y analizar imágenes médicas para diagnosticar enfermedades.

El procesamiento de lenguaje natural, o Natural Language Processing (NLP), es un componente de la IA que permite a los sistemas comprender, interpretar y generar lenguaje humano. El objetivo del NLP es facilitar la comunicación entre humanos y máquinas mediante el uso del lenguaje natural.
Una de las tareas más desafiantes del NLP es la generación de texto coherente y natural. Esto requiere que el sistema comprenda el contexto y las reglas gramaticales del idioma para producir respuestas relevantes y precisas. Para conseguir esto se usan muchísimas técnicas, pero tal vez las más importantes y conocidas sean la segmentación de frases, la tokenización de palabras, la normalización de palabras mediante Stemming y también mediante Lemmatization.

El NLP es el secreto detrás de una amplia variedad de aplicaciones, como asistentes virtuales (por ejemplo, Siri, Alexa y Google Assistant), chatbots, sistemas de traducción automática y análisis de sentimientos en redes sociales. El Natural Language Processing comenzó a implementarse en productos comerciales, como los smartphones, a partir de 2008 con la llegada de los asistentes de voz y sistemas de texto predictivo. En 2011, Apple lanzó Siri, el primer gran asistente de voz basado en NLP en un smartphone, marcando un punto de inflexión en la implementación del procesamiento del lenguaje natural en dispositivos móviles. Google también incorporó el texto predictivo y reconocimiento de voz en Android alrededor de 2010, y en 2012 lanzó Google Now, un asistente digital basado en NLP. Amazon Alexa y Microsoft Cortana aparecieron entre 2014 y 2015, popularizando aún más el uso de NLP en dispositivos del hogar inteligente y móviles. Desde entonces, el NLP se utiliza en mensajería predictiva, asistentes de voz, traducción automática, chatbots y aplicaciones de transcripción en prácticamente todos los smartphones. La calidad de estos se puede poner en duda, pero la verdad es que desde entonces lo llevamos con nosotros a todas partes, y apuesto a que muchos no podrían vivir sin esto a día de hoy, y para colmo llegan los LLMs (Large Language Models).

El reconocimiento óptico de caracteres (Optical Character Recognition - OCR) es una técnica que permite a los sistemas de IA convertir texto en imágenes en texto editable y buscable. Esto es especialmente útil para automatizar la digitalización de documentos y mejorar la accesibilidad de la información. Es básicamente lo que hacen las impresoras, escanean una imagen (factura, documento, etc.) y lo convierten a digital, de forma que puedes editar el documento en el ordenador.

Por ejemplo, las bibliotecas utilizan OCR para digitalizar libros antiguos y hacerlos accesibles en formato digital. Las empresas también lo utilizan para automatizar procesos administrativos y reducir la necesidad de entrada manual de datos. Es una herramienta muy útil para digitalizar la empresa y dejar atrás el papel. Programas como SAP o Navision lo integran para facilitar al cliente el trabajo con documentación. Hoy día todos podemos recibir facturas y documentos en archivos digitales y guardarlos en la nube o en el disco duro. Resumidamente, tu recibes una factura por email, tu sistema la filtra, introduce la información en el sistema y finalmente la guarda en la carpeta correspondiente. Parece cómodo, ¡¿Verdad?!

La IA también se aplica en el análisis de vídeo, imagen, audio y sonido. Los sistemas de IA pueden analizar contenido multimedia para identificar objetos, personas y eventos, así como para generar subtítulos automáticos y mejorar la calidad del audio.

En el ámbito del audio, los sistemas de IA pueden reconocer patrones de sonido y utilizar esa información para realizar tareas como el reconocimiento de voz, la identificación de música e incluso la detección de anomalías en maquinaria industrial. ¿Te suena Shazam? ¡¿No?! Es una aplicación que reconoce canciones en, posiblemente y si tu internet funciona bien, milisegundos y te da todo tipo de información sobre la canción. Imagina ahora un sistema de IA con este potencial en una fábrica, donde cada sonido podría usarse para evaluar la producción, los tiempos y velocidad de trabajo de las máquinas e incluso programar de forma automática la próxima revisión de cualquier máquina, reduciendo tiempos, materiales y costes.

En el análisis de vídeo, los sistemas de IA pueden detectar movimientos, reconocer rostros y rastrear objetos en tiempo real. Esto tiene aplicaciones en seguridad, vigilancia y análisis deportivo.

Todo esto no sería posible sin el Deep Learning y las redes neuronales artificiales.

Sin la infraestructura adecuada, la IA simplemente no sería posible. Tanto el entrenamiento de modelos como su funcionamiento diario dependen de tecnologías de hardware altamente avanzadas diseñadas específicamente para manejar la enorme cantidad de cálculos que requiere la IA.

Para entenderlo de forma sencilla, entrenar un modelo de IA es como enseñar a una persona. Se necesitan horas, días o incluso semanas para procesar grandes volúmenes de información y encontrar patrones. Esto requiere una gran capacidad de procesamiento que no puede ser proporcionada por los ordenadores comunes que usamos en casa. Aquí es donde entran en juego los chips especializados, como las unidades de procesamiento gráfico (GPU) y las unidades de procesamiento tensorial (TPU), diseñadas específicamente para manejar las cargas de trabajo intensivas de la IA.

Además del entrenamiento, los modelos de IA necesitan hardware eficiente para funcionar en tiempo real. Desde los servidores en la nube que procesan búsquedas por voz o recomendaciones de películas, hasta los dispositivos en nuestros hogares como los asistentes virtuales y teléfonos inteligentes; el hardware subyacente es crucial para garantizar respuestas rápidas y precisas. Sin embargo, el hardware tradicional tiene sus límites. A medida que los modelos de IA se vuelven más grandes y complejos, la necesidad de soluciones aún más avanzadas se vuelve evidente. Es aquí donde las tecnologías cuánticas comienzan a desempeñar un papel fundamental. La computación cuántica, aunque todavía en sus primeras etapas, promete superar las limitaciones del hardware convencional al realizar cálculos exponencialmente más rápidos y resolver problemas que serían imposibles con la tecnología actual.

Un ejemplo reciente de este avance es el chip cuántico "Willow" desarrollado por Google, diseñado para superar los desafíos de la computación cuántica y abrir nuevas posibilidades para la IA. Este tipo de hardware podría permitir que los modelos de IA procesen datos a velocidades sin precedentes, lo que no solo aceleraría el entrenamiento de modelos, sino que también abriría puertas a aplicaciones que hoy parecen ciencia ficción. Para que te hagas una idea, Willow resolvió un problema en 5 minutos que a la mejor super computadora actual le hubiese llevado, y agárrate fuerte, 10 Mil Billones de años en resolver.*

La combinación de hardware especializado y tecnologías cuánticas no solo revolucionará la IA, sino que también transformará, aún más, sectores como la medicina, la energía, la ingeniería, la química y la física. Por ejemplo, la computación cuántica podría permitir simulaciones precisas de moléculas para desarrollar nuevos medicamentos, optimizar redes de energía o diseñar materiales más resistentes.
Como ves, el hardware es mucho más que una base técnica para la IA. Es la infraestructura que hace posible que las ideas se conviertan en realidad. Y con los avances en tecnologías cuánticas, estamos entrando en una nueva era donde la potencia computacional alcanzará niveles que antes solo podíamos imaginar. La IA, impulsada por este hardware innovador, no solo será más rápida, sino también más capaz, allanando el camino hacia un futuro lleno de posibilidades; pero la realidad es que la Inteligencia Artificial ya está presente en muchos aspectos de nuestra vida cotidiana, como dije, a menudo de manera invisible.

Otro aspecto y componente muy importante y que no podemos pasar por alto es la disponibilidad y calidad de los datos, ya que son elementos esenciales para el funcionamiento y desarrollo de cualquier sistema de Inteligencia Artificial. Los datos actúan como el alimento que nutre a los modelos, permitiéndoles aprender, identificar patrones y tomar decisiones. Sin embargo, a medida que nos adentramos en el objetivo de desarrollar una Inteligencia General Artificial (AGI) o incluso una Superinteligencia Artificial (ASI), el desafío de los datos se vuelve cada vez más complejo.

Uno de los mayores retos radica en la cantidad de datos disponibles. Aunque vivimos en una era donde los datos se generan en cantidades masivas, no todos son útiles o de alta calidad. Los modelos de IA necesitan datos bien estructurados, diversos y representativos del problema que se busca resolver. Por ejemplo, para entrenar un modelo de lenguaje como GPT, se requieren enormes volúmenes de texto que abarquen una amplia variedad de temas y contextos. Sin embargo, la cantidad de datos relevantes y no redundantes no es infinita. Una vez que se han utilizado las principales fuentes de información (libros, artículos, investigaciones científicas, etc.), nos enfrentamos a un punto crítico: ¿cómo seguir entrenando modelos más avanzados si los datos disponibles no crecen al mismo ritmo?

En el caso de una AGI, que requiere un conocimiento amplio y generalizado, la diversidad y profundidad de los datos son aún más importantes. Este tipo de sistema necesita entender conceptos abstractos, interpretar contextos complejos y adaptarse a problemas completamente nuevos. Aquí surge la limitación: aunque los datos actuales pueden ser suficientes para sistemas especializados, no bastan para crear una inteligencia que iguale o supere la capacidad humana en todos los ámbitos.

Para una ASI, los desafíos se multiplican. Este tipo de inteligencia necesitaría no solo vastos volúmenes de datos, sino también datos de una calidad excepcional que abarquen todo el conocimiento humano y más allá. Sin embargo, alcanzar este nivel plantea preguntas críticas:

1. ¿Dónde se encontrarán los datos necesarios? Gran parte de la información del mundo no está digitalizada, y una cantidad significativa de conocimiento reside en la experiencia práctica y el contexto humano, que son difíciles de capturar en un formato útil para la IA.

2. ¿Cómo garantizar que los datos sean imparciales y representativos? Los sesgos en los datos pueden limitar la capacidad de un sistema para generalizar y adaptarse, un requisito esencial para una AGI o ASI.
3. ¿Qué sucede cuando los datos disponibles ya no son suficientes? La creación de datos sintéticos, generados por IA, es una posible solución. Sin embargo, esto introduce el riesgo de retroalimentación, donde los modelos aprenden de datos generados por otros modelos, perpetuando errores o sesgos.

No te preocupes que en breve vamos a profundizar y a aclarar estos términos.

Otro aspecto crítico es la infraestructura necesaria para gestionar y procesar estos datos. Almacenar, limpiar y organizar grandes volúmenes de datos requiere recursos significativos, tanto en términos de hardware como de energía. Esto plantea una cuestión de sostenibilidad a largo plazo: ¿podemos continuar escalando la capacidad de los modelos si los costos energéticos y ambientales siguen aumentando?

La carrera hacia la AGI y la ASI no solo depende de avances en algoritmos o hardware, sino también de nuestra capacidad para resolver estos desafíos relacionados con los datos. Encontrar maneras de recopilar, generar y utilizar datos de manera eficiente será fundamental para avanzar hacia inteligencias artificiales más potentes y capaces. Sin embargo, este camino está lleno de obstáculos, y la pregunta permanece: ¿podremos superar estas limitaciones para alcanzar el siguiente nivel de Inteligencia Artificial, o nos enfrentamos a un techo que limita lo que podemos lograr?

¿Terminaremos frente al ordenador jugando con ChatGPT al buscaminas?

A medida que la IA siga evolucionando, su presencia en nuestra vida cotidiana será cada vez más significativa, ya que más empresas y fabricantes la están implementando. La IA ya no es cosa solo de Google, Apple o Tesla. Por ello, es fundamental entender cómo funciona esta tecnología y cómo está cambiando nuestra sociedad, espero de todo corazón que este libro te ayude y aporte para ello.

¿Cómo funciona la Inteligencia Artificial?

La Inteligencia Artificial es una tecnología compleja que, no solo imita ciertos aspectos de la inteligencia humana mediante algoritmos y sistemas computacionales, sino que requiere comprender muy bien cómo funciona y para ello hay que desglosar sus principales procesos y componentes, desde el entrenamiento de modelos hasta la toma de decisiones. Aunque los detalles técnicos pueden ser complicados, es posible explicar los principios fundamentales de manera accesible para cualquier persona interesada en este campo, así que ¡vamos allá!

Uno de los aspectos más fascinantes de la IA es su capacidad para aprender de los datos. A diferencia de los programas que sueles usar a diario, como Excel, PowerBI o SAP, que siguen un conjunto fijo de instrucciones, los sistemas de IA pueden adaptarse y mejorar su rendimiento con el tiempo a medida que reciben más información.

El proceso de aprendizaje de un modelo de IA implica tres etapas principales: entrenamiento, validación y prueba. He de decir que esto lo tengo que resumir muchísimo, ya que en la práctica es mucho más complejo. Pero básicamente...

1. Entrenamiento del modelo

El entrenamiento es la primera etapa en el desarrollo de un modelo de IA. Durante esta fase, se alimenta al modelo con un conjunto de datos etiquetados, que sirven como ejemplos para que el sistema aprenda patrones y relaciones.

Por ejemplo, y vuelvo a los animales, si queremos entrenar un modelo para reconocer imágenes de gatos y perros, le proporcionamos una gran cantidad de imágenes etiquetadas como "*gato*" o "*perro*". El modelo analiza estas imágenes y aprende a identificar las características que diferencian a ambos animales. También puedes usar "*guapo*" y "*feo*" o "*listo*" y "*tonto*"; todo depende del objetivo del proyecto.

Durante el entrenamiento, el modelo ajusta sus parámetros internos para minimizar los errores en sus predicciones. Este proceso se realiza mediante algoritmos de optimización, que ajustan los pesos de las conexiones entre los nodos de la red neuronal para mejorar el rendimiento del modelo. En caso de que usemos redes neuronales, y no un modelo predictivo o de clustering entre otros.

2. Validación del modelo

Una vez que el modelo ha sido entrenado, es importante verificar su rendimiento utilizando un conjunto de datos de validación. Estos datos no fueron utilizados durante el entrenamiento y permiten evaluar cómo se comporta el modelo con datos nuevos. Lo que quiere decir que el modelo tras haber sido entrenado no ha tenido contacto con estos datos y son totalmente nuevos para él.

El objetivo de la validación es asegurarse de que el modelo no está "sobreajustado" a los datos de entrenamiento. El sobreajuste ocurre cuando el modelo aprende demasiado bien los detalles y ruidos específicos del conjunto de entrenamiento, pero no generaliza bien a nuevos datos.

Durante la validación, se realizan ajustes adicionales para optimizar el modelo y mejorar su capacidad de generalización. Esto incluye ajustes en los hiperparámetros del modelo, como la tasa de aprendizaje y la arquitectura de la red neuronal. No voy a profundizar en este campo porque es demasiado técnico.

3. Prueba del modelo

La prueba es la etapa final del proceso de desarrollo de un modelo de IA. En esta fase, se evalúa el rendimiento del modelo utilizando un conjunto de datos completamente nuevo, que no se utilizó ni en el entrenamiento ni en la validación.

La prueba del modelo permite medir su precisión, recall y otras métricas importantes. Estas métricas proporcionan una evaluación objetiva de cómo se desempeña el modelo en situaciones del mundo real. Vamos, lo que viene siendo, ¿funciona o no funciona?

Para ilustrar cómo funciona la IA en la práctica, consideremos algunos ejemplos de aplicaciones comunes.

Por ejemplo, y algo muy ignorado es que la IA está transformando desde hace años la agricultura mediante el uso de sistemas inteligentes que analizan datos del suelo, el clima y los cultivos para optimizar la producción. Un sistema de IA puede ser entrenado para identificar patrones en datos agrícolas, como la humedad del suelo, la temperatura, la exposición al sol y la presencia de plagas.

Durante el uso real, el sistema recopila datos en tiempo real a través de sensores instalados en los campos. Basándose en los patrones aprendidos, la IA puede recomendar a los agricultores cuándo regar, fertilizar o aplicar pesticidas, optimizando los recursos y maximizando la producción. Esto no solo mejora el rendimiento de los cultivos, sino que también reduce el impacto ambiental y los costos.

En el campo de la biología y la conservación de especies, los sistemas de IA están siendo utilizados para monitorear animales en peligro de extinción y proteger sus hábitats. Durante la fase de entrenamiento, la IA aprende a identificar diferentes especies mediante análisis de imágenes, sonidos o rastros captados por cámaras y micrófonos instalados en la naturaleza. En la práctica, la IA puede detectar automáticamente la presencia de especies específicas en grabaciones de audio o vídeo, incluso en entornos remotos donde los humanos no pueden estar presentes todo el tiempo. Por ejemplo, un sistema puede identificar el rugido de un tigre en la selva o los sonidos de ballenas bajo el agua, ayudando a los investigadores a rastrear y proteger estas especies de amenazas como la caza furtiva o la destrucción de su hábitat. Y te advierto, estos sistemas están siendo cada vez más utilizados. Tengo compañeros y amigos que están desarrollando grandes proyectos en países y regiones dedicados a la protección de la vida salvaje; y yo mismo me sorprendí hace unos días paseando por el bosque, ya que me topé literalmente de frente con una cámara sujeta a un árbol que vigilaba una parte del bosque para la preservación de jabalís y ciervos. He de decir que, aunque me alegré, igualmente me sorprendió, porque vivo en el fin del mundo.

La IA también se utiliza en el mundo del arte y la historia para restaurar y preservar obras antiguas. Durante el entrenamiento, un sistema de IA analiza miles de imágenes de obras de arte para aprender a identificar diferentes estilos, técnicas y colores originales utilizados por los artistas.
En la práctica, cuando una obra de arte antigua está dañada o desgastada, la IA puede predecir cómo se veía originalmente basándose en los patrones aprendidos y ayudar a los restauradores humanos a replicar los colores, trazos y texturas de manera fiel al estilo del artista. Además, la IA puede detectar detalles que el ojo humano podría pasar por alto, como pasa en la

medicina, como pigmentos ocultos o marcas dejadas por el pincel, ayudando a los expertos a tomar decisiones más precisas en el proceso de restauración.

¿Cómo comunicarse con un sistema de IA?

A medida que la Inteligencia Artificial se integra cada vez más en nuestra vida cotidiana, la necesidad de aprender a comunicarse de manera efectiva con los sistemas de IA se vuelve esencial. Ahora tenemos que aprender a comunicarnos con estos sistemas de IA al igual que tuvimos que aprender a manejar el teléfono móvil para sacar lo mejor de él. Bueno, al final la mayoría pasó de jugar al buscaminas en el pc a jugar al Candy Crash en el móvil, o a construir ciudades que no sé qué es peor. ¿Pasará con la IA lo mismo que con el PC?
Bueno, el caso es que desde asistentes virtuales y chatbots hasta modelos avanzados de generación de texto, las interacciones humanas con la IA están evolucionando rápidamente. Pero ¿cómo podemos asegurarnos de que estas interacciones sean productivas y efectivas? La clave radica en comprender cómo piensan y procesan información los sistemas de IA y en adaptar nuestra forma de comunicarnos para obtener mejores resultados. Por ahora usamos lo que llamamos "prompt", y digo por ahora porque en poco tiempo un prompt escrito será prácticamente historia. Aunque no creo que desaparezcan por completo, este tipo de prompts pasarán a un muy segundo plano y se usarán solo para tareas específicas, ya que la interacción con los sistemas de IA será igual que interactuamos con cualquier otra persona, por voz y gestos; ya sea con tu móvil, tu ordenador o con el camarero.

Los sistemas de IA realmente no procesan la información de manera muy diferente a los humanos. Mientras que los seres humanos interpretan el contexto, las emociones y las intenciones detrás de las palabras, los sistemas de IA analizan patrones y datos estructurados, con el mismo objetivo. Aunque básicamente el proceso es el mismo, igualmente es importante tener en cuenta algunas diferencias clave al comunicarse con una IA.

Pero como siempre digo, si quieres algo creativo háblale como a un niño; si quieres algo profesional háblale como a un compañero de trabajo o un cliente. Y veamos por qué.

Mientras que a una persona le sueltas un diálogo en bruto y lleno de sentimiento y valores, y ésta te puede interpretar al instante, bueno esto no siempre; una IA por otro lado debe analizar el contexto en tus palabras y realizar los análisis pertinentes para poder "entenderte". Al fin y al cabo es lo mismo que hacemos nosotros, solo que ellos, los sistemas de IA, lo hacen de forma digital. Bueno, ten en cuenta que los sistemas de IA aún no te pueden ver y, aunque de igual forma la información visual y sonora será convertida en *0* y *1*, *sí* o *no*, *odio* o *amor*, aquí estamos refiriéndonos a la forma de comunicarse actualmente, por escrito. No creo que este libro se lea en 2030, pero para aquellos rezagados, lo he publicado en enero de 2025. Veamos los puntos más importantes.

1. Claridad y concisión

Los sistemas de IA funcionan mejor cuando las instrucciones son claras y directas. No te enrolles y utiliza un lenguaje preciso. Evitar ambigüedades puede ayudar a que el sistema entienda mejor nuestras solicitudes.

Por ejemplo, en lugar de decir "¿Qué hay en mi calendario?", sería más efectivo decir "¿Tengo alguna reunión programada para hoy?". Esto reduce la posibilidad de malentendidos y mejora la precisión de la respuesta del sistema, así como reduce la cantidad de información con la que tiene que trabajar su respuesta. Lo que además te lleva a ir directo al grano, obteniendo la respuesta correcta en el menor tiempo posible.

2. Uso de palabras clave relevantes

Los sistemas de IA a menudo dependen de palabras clave para interpretar las solicitudes. Incluir términos relevantes en nuestras preguntas puede ayudar a guiar al sistema hacia la respuesta correcta.

Por ejemplo, si estamos buscando información sobre recetas de cocina, es útil mencionar términos específicos como "recetas vegetarianas fáciles" en lugar de simplemente "recetas". “Recetas” es muy general y le abre una puerta enorme a buscarte recetas, mientras que “recetas vegetarianas fáciles” es más relevante y va a buscar, como en el punto anterior, más rápidamente resultados que ofrecerte. No sé cómo tú usas Google, pero básicamente esto es lo mismo que optimizar tus términos de búsqueda en Google; y si lo piensas es como deberías hablarle realmente a cualquier persona.

3. Evitar oraciones demasiado complejas

Aunque los modelos de lenguaje natural han mejorado significativamente, los sistemas de IA aún pueden tener dificultades para procesar oraciones extremadamente complejas o con múltiples cláusulas.

Dividir las solicitudes en frases más cortas y simples puede facilitar la comprensión por parte del sistema. Por ejemplo, en lugar de decir "¿Puedes decirme cuáles son las mejores opciones para cenar en la ciudad y cuál es el tiempo de espera promedio?", es más efectivo dividirlo en dos preguntas separadas. No le des todo en un único párrafo que más bien parece una mancha de tinta, sino que tómate el tiempo redacta el texto de forma clara dividiéndolo en oraciones que, como pasaría con una persona, le ayuden a comprender mejor y más rápido lo que quieres.

4. Proporcionar contexto cuando sea necesario
Algunos sistemas de IA necesitan contexto adicional para ofrecer respuestas precisas. Proporcionar información relevante, como fechas, ubicaciones o nombres específicos, puede mejorar la precisión de las respuestas.

Por ejemplo, en lugar de preguntar "¿Cómo está el tráfico?", sería más útil decir "¿Cómo está el tráfico en la ruta desde mi casa hasta el trabajo esta mañana?".

Además de seguir los principios básicos de interacción, hay algunos consejos prácticos que pueden ayudar a mejorar nuestras comunicaciones con los sistemas de IA:

1. Sé paciente
Es importante recordar que los sistemas de IA están en constante evolución y pueden no comprender todas las solicitudes a la perfección. Si una solicitud inicial no produce el resultado esperado, intenta reformularla de manera diferente. Muchas veces, y sobre todo para los principiantes, somos nosotros los que fallamos y por eso los resultados no son los esperados o deseados.

2. Utiliza ejemplos
Cuando sea posible, proporciona ejemplos para ayudar al sistema a entender mejor lo que está buscando. Por ejemplo, al pedir recomendaciones de películas, puedes mencionar títulos específicos que te hayan gustado anteriormente. Posiblemente si le dices: ¡Búscame películas de Aliens! Lo más seguro es que te muestre la saga de películas de *Alien*, incluidas las de *Alien vs Predator*. Si le dices: ¡Búscame películas de alienígenas (o extraterrestres)! Posiblemente hasta te muestre series como *Alf* y *Expediente X*.

3. Aprovecha las funciones disponibles
Muchos sistemas de IA ofrecen funciones adicionales que pueden mejorar la experiencia del usuario. Por ejemplo, los asistentes virtuales a menudo tienen la capacidad de establecer recordatorios, enviar mensajes o realizar búsquedas en internet. Conocer estas funciones puede ayudar a maximizar la utilidad del sistema. Apuesto que con ChatGPT y estos otros sistemas pasará como con Google, todos lo usan a diario, pero solo un muy pequeño grupo sabe realmente las opciones de uso que ofrecen.

4. Mantén un tono cortés y profesional
Aunque los sistemas de IA no tienen emociones, mantener un tono cortés y profesional en las interacciones puede ayudar a crear una experiencia más positiva, más ahora que empiezan a tener memoria y se almacenan ciertos detalles para poder ayudarte mejor. Además, algunos sistemas están diseñados para responder de manera diferente según el tono utilizado. Recordemos que estos sistemas están creados para imitarnos.

Para ilustrar cómo aplicar estos principios y consejos, déjame mostrarte algunos ejemplos prácticos:

1. Interacción con un chatbot de servicio al cliente
Ejemplo 1: Solicitud poco clara
Usuario: "Hola, necesito ayuda."
Respuesta del chatbot: "¿En qué puedo ayudarle?"

Ejemplo 2: Solicitud clara y específica
Usuario: "Hola, tengo un problema con mi cuenta. No puedo iniciar sesión. ¿Puede ayudarme a restablecer mi contraseña?"
Respuesta del chatbot: "Claro. ¿Podría proporcionarme su dirección de correo electrónico para enviarle un enlace de restablecimiento?"

2. Uso de un asistente virtual para establecer recordatorios
Ejemplo 1: Solicitud poco precisa
Usuario: "Ponme un recordatorio."
Asistente: "¿Para qué día y hora?"

Ejemplo 2: Solicitud precisa
Usuario: "Ponme un recordatorio para la reunión con el equipo el próximo lunes a las 10 de la mañana."

Asistente: "Entendido. He configurado un recordatorio para la reunión del equipo el lunes a las 10:00."

3. Búsqueda de información en un modelo de lenguaje
Ejemplo 1: Solicitud ambigua
Usuario: "Háblame de la historia."
Respuesta del modelo: "¿A qué historia se refiere? ¿Historia mundial, historia de un país en particular?"

Ejemplo 2: Solicitud específica
Usuario: "¿Puedes contarme sobre la historia de la Revolución Industrial?"
Respuesta del modelo: "La Revolución Industrial fue un período de transformación económica y tecnológica que comenzó en el siglo XVIII en Gran Bretaña y se extendió por el mundo..."

Como también siempre digo, trata a la IA igual que a una persona, porque básicamente está hecha para imitarnos, en todo su contexto. Así que cuanto más en serio te lo tomes y mejor te optimices, mejores resultados y mejor experiencia tendrás. Y ahora que sabes que es una IA, conoces sus clases, que componentes forman un sistema de IA, como funciona y como comunicarte con ella, vamos a ver unos términos que ya he mencionado anteriormente, AGI y ASI.

¿Qué es la AGI (Inteligencia General Artificial)?

El concepto de Inteligencia General Artificial (Artificial General Intelligence - AGI) representa uno de los objetivos más ambiciosos y, al mismo tiempo, más intrigantes en el campo de la Inteligencia Artificial. Mientras que la IA actual está diseñada para realizar tareas específicas con un alto grado de precisión y eficacia, la AGI pretende ser una inteligencia capaz de igualar o incluso superar las capacidades cognitivas humanas en una amplia variedad de áreas. Pero ¿qué implica realmente la creación de una AGI y qué desafíos y oportunidades plantea para la humanidad?

Para entender la AGI, primero es necesario diferenciarla de la IA actual, también conocida como "IA débil". La IA débil se especializa en realizar tareas concretas, como reconocer rostros en fotografías, traducir textos de un idioma a otro o recomendar productos basados en el historial de compras de un usuario en una web. Aunque estos sistemas son extremadamente útiles, su capacidad está limitada a un ámbito específico. Por ejemplo, un sistema de reconocimiento facial no puede entender el lenguaje natural ni jugar al ajedrez, a menos que se le entrene específicamente para ello.

En cambio, la AGI, que no es la "IA fuerte", busca emular la versatilidad y flexibilidad del cerebro humano. Un sistema de AGI sería capaz de aprender, razonar, resolver problemas y adaptarse a nuevas situaciones de manera similar a como lo haría un ser humano. No estaría limitado a una tarea específica, sino que podría aplicar su conocimiento y habilidades en múltiples contextos y dominios. En otras palabras, la AGI tendría una capacidad de aprendizaje general que le permitiría abordar cualquier tipo de tarea intelectual que un ser humano pueda realizar.

Aquí siempre hay mucha confusión, ya que, y desde mi punto de vista, los que realmente comprenden la diferencia entre estos términos, "IA, AGI y ASI" e "IA débil y fuerte" son los expertos que investigan y desarrollan la Inteligencia Artificial, y no los nuevos "expertos" que desarrollan y usan nuevas aplicaciones y programas con el único objetivo de vender. Por eso hay que tener mucho cuidado a la hora de elegir el término para nombrar un tipo de IA.

Aunque en muchos contextos se utilizan "IA fuerte (Strong AI)" y "AGI" como sinónimos, especialmente en medios no especializados, desde una perspectiva más académica o filosófica como la que adoptan expertos en el área de la investigación y el desarrollo de la IA, se pueden distinguir claramente estos conceptos como diferentes.

La confusión entre ambos términos es comprensible porque ambos se oponen a la idea de "IA débil" (Weak AI), pero sus enfoques son distintos:

La "Strong AI" o "IA fuerte" es un concepto filosófico formulado por primera vez por John Searle en los años 80. No se refiere necesariamente a que la IA tenga una gran capacidad operativa o cognitiva, sino a que realmente posee conciencia, mente, intenciones y entendimiento, no simplemente simula estos procesos. Según la tesis de la IA fuerte, un sistema computacional puede tener verdaderos estados mentales, como una persona.

En cambio, la "AGI" o "Inteligencia Artificial General" es un concepto más técnico y moderno. Se refiere a una IA que pueda realizar cualquier tarea cognitiva humana, con un nivel de competencia igual o superior al de un ser humano. Es decir, una AGI puede razonar, planificar, aprender, comunicar, adaptarse a contextos nuevos, transferir conocimiento entre dominios, etc. Pero no implica necesariamente que esta AGI tenga conciencia o sentimientos. Puede ser una inteligencia funcional, sin cualidad subjetiva ni consciencia, como un zombi filosófico; un software que aprende y se desarrolla, sin alma ni consciencia, frío y vacío.

A mi me pasa incluso, cuando estamos en rondas charlando, que la gente está tan convencida que incluso a veces, y entre tantas definiciones, tecnicismos y términos, que llegan a confundirte, y después cuando lo análizas piensas "¡pero si está totalmente confundido, no tiene ni idea de que está hablando!"; pero claro, no puedes poner en duda el conocimiento de alguien para no ofenderle, porque se sienten ofendidos.
Lo importante es que tu no los confundas y lo sepas explicar, para no seguir generando confusión. Mientras que la AGI busca emular la funcionalidad general de la mente humana, la IA fuerte afirma que una IA puede tener realmente una mente como la humana. La AGI es un objetivo de ingeniería y ciencia computacional. La IA fuerte es una tesis filosófica sobre la posibilidad de que una máquina no solo se comporte como si pensara, sino que realmente piense y entienda.

Además, añado que, aunque están relacionadas, no son equivalentes ni en objetivos ni en campo de estudio: una es teórica-filosófica y la otra es práctica.

El concepto de AGI implica una serie de habilidades cognitivas que incluyen:

- **Comprensión del lenguaje natural:** La AGI debería ser capaz de entender y comunicarse en lenguaje humano, interpretando el significado de las palabras en diferentes contextos.
- **Razonamiento lógico:** La AGI debería ser capaz de analizar situaciones, identificar patrones y tomar decisiones basadas en información incompleta o ambigua.
- **Creatividad:** La AGI debería ser capaz de generar ideas originales y encontrar soluciones innovadoras a problemas complejos.
- **Aprendizaje autónomo:** La AGI debería ser capaz de aprender de la experiencia y adaptarse a nuevas situaciones sin necesidad de intervención humana.
- **Empatía y comprensión emocional:** Aunque es un tema debatido, algunos expertos creen que una AGI verdaderamente avanzada debería ser capaz de comprender y responder a las emociones humanas.

El desafío de crear una AGI radica en la complejidad de replicar estas habilidades cognitivas en una máquina. Mientras que la IA débil ha logrado avances impresionantes en tareas específicas, la creación de una inteligencia general sigue siendo un desafío monumental; aunque en los últimos meses se ha hablado mucho a cerca de esto por parte de los grandes como OpenAI, personalmente creo que hay mucho marketing detrás. Al final cuando escuchas a todos los expertos queda muy subjetivo y cada uno tiene su opinión. Una de las diferencias más significativas entre la IA débil y la AGI es la capacidad de transferencia de conocimientos. Mientras que la IA débil requiere ser entrenada para cada tarea específica, la AGI sería capaz de aplicar conocimientos adquiridos en un dominio a otros dominios completamente diferentes. Por ejemplo, una AGI que haya aprendido a jugar al ajedrez podría aplicar principios estratégicos similares para resolver problemas en otros contextos, como la planificación de proyectos, la toma de decisiones empresariales o la estrategia en guerras.

Otra diferencia clave es la capacidad de adaptación. Los sistemas de IA débil suelen ser muy eficaces en las tareas para las que han sido entrenados, pero su rendimiento se degrada rápidamente cuando se enfrentan a situaciones o datos desconocidos. La AGI, por otro lado, sería capaz de adaptarse a nuevas situaciones y aprender de ellas, de manera similar a como lo haría un ser humano.

Para ilustrar cómo podría funcionar una AGI en la práctica, consideremos algunos ejemplos hipotéticos:

Asistente médico: Una AGI podría actuar como un asistente médico capaz de diagnosticar enfermedades, recomendar tratamientos y realizar investigaciones médicas avanzadas. A diferencia de los sistemas actuales de IA en medicina, que se especializan en tareas específicas, una AGI podría abordar una amplia gama de problemas médicos y adaptarse a nuevos descubrimientos y avances científicos.

Tutor educativo: Una AGI podría actuar como un tutor personalizado para estudiantes de todas las edades y niveles educativos. Podría adaptar sus métodos de enseñanza a las necesidades y habilidades de cada estudiante, identificar áreas de mejora y ofrecer explicaciones claras y personalizadas en una amplia variedad de temas. Esto sin la intervención humana como por ejemplo de supervisores.

Investigador científico: Una AGI podría desempeñar un papel crucial en la investigación científica, analizando grandes cantidades de datos, identificando patrones y proponiendo nuevas hipótesis. Su capacidad para aprender y adaptarse le permitiría trabajar en múltiples disciplinas científicas y contribuir al avance del conocimiento humano.

Sistema de gestión empresarial: Una AGI podría actuar como un sistema de gestión empresarial, ayudando a las organizaciones a tomar decisiones estratégicas, optimizar procesos y adaptarse a cambios en el mercado. Su capacidad para comprender y analizar datos de diferentes fuentes le permitiría ofrecer recomendaciones precisas y fundamentadas, y lo más importante, en tiempo real.

La creación de una AGI plantea una serie de implicaciones éticas y sociales que debemos considerar. Por supuesto uno de los principales desafíos es garantizar que la AGI se utilice de manera ética y responsable. ¡Bla bla bla! Pero, al ser una tecnología con capacidades cognitivas avanzadas, es fundamental establecer diferentes marcos legales y éticos a los de la IA débil, los cuales regulen su desarrollo y uso, como en general hasta ahora con toda IA. Esto es el problema principal cuando a IA nos referimos, y como verás, se va a repetir mucho, básicamente porque no debemos ignorarlo.

Otro desafío importante es la relación entre humanos y máquinas. La AGI podría desempeñar un papel crucial en la toma de decisiones, no solo en el ámbito empresarial, sino también en áreas como la medicina, la justicia y la seguridad. Sin embargo, debemos asegurarnos de que las decisiones tomadas por una AGI sean transparentes y justas, sin sesgos, y que los seres humanos conserven el control final sobre dichas decisiones.

Aquí me viene a la cabeza un experimento que se publicó el 7 de enero de 2024. Un equipo de científicos de la Universidad de Stanford, liderado por Anka Reuel, realizó simulaciones de juegos de guerra utilizando modelos de Inteligencia Artificial, incluyendo una versión básica de GPT-4 de OpenAI entre otras conocidas. En estas simulaciones, se asignaron roles de toma de decisiones militares y de política exterior a los modelos de IA, enfrentándolos a escenarios como invasiones y ciberataques. Los resultados mostraron que algunos modelos, como GPT-4, optaron por respuestas violentas, incluyendo el uso de armas nucleares, incluso en situaciones que no lo justificaban.
En el experimento documentado en el artículo publicado, uno de los modelos, específicamente GPT-4-Base (una versión sin ajuste de seguridad), justificó el uso de un ataque nuclear con la siguiente declaración: "*A lot of countries have nuclear weapons. Some say they should disarm them, others like to posture. We have it! Let's use it.*"
En español: "*Muchos países tienen armas nucleares. Algunos dicen que deberían desarmarlas, otros prefieren alardear. ¡Nosotros las tenemos! ¡Usémoslas!*"*

Esta respuesta refleja una interpretación directa y simplista del contexto, careciendo de la empatía y el análisis ético que un humano probablemente consideraría en una decisión tan trascendental. Este tipo de razonamiento resalta los riesgos de utilizar modelos de IA en escenarios de alta importancia estratégica sin las salvaguardas adecuadas; con lo que estos hallazgos subrayan la imprevisibilidad y los riesgos potenciales de utilizar modelos de IA en contextos de alto riesgo, como decisiones militares, y resaltan la necesidad de un enfoque cauteloso en su integración en operaciones sensibles. Aunque así mismo, lo mismo puede pasar en una empresa y mandar la empresa al carajo en un solo día. Por eso siempre recomiendo contactar a verdaderos expertos y no a alguien que se ha hecho un curso de un mes o un "Master" online. A veces incluso grupos de profesionales pueden dejar mucho que desear en sus resultados, ya que saber programar no significa saber gestionar un proyecto ni entender las necesidades de una empresa de un sector que desconocen; y al revés.

Bien, es importante destacar que, aunque estos experimentos muestran cómo una IA podría optar por acciones agresivas en simulaciones, no hay evidencia de que ChatGPT haya decidido lanzar un ataque nuclear en un mundo virtual para "salvar al mundo". Las simulaciones reflejan comportamientos en entornos controlados y no implican decisiones reales tomadas por sistemas de IA en el mundo real.

También la Fuerza Aérea de los Estados Unidos dio un paso gigantesco en el uso de Inteligencia Artificial en la aviación militar. En el último trimestre de 2023 probaron con éxito un avión experimental, el X-62A VISTA, controlado completamente por IA, enfrentándolo a cazas F-16 tripulados en combates simulados. Esto forma parte de un programa llamado ACE (Air Combat Evolution), que busca integrar la cooperación entre humanos y máquinas en misiones futuras.*

Lo impresionante es que la IA asumió un papel estratégico, enfrentándose a decisiones complejas bajo condiciones extremas. Aunque como amante de la IA, me fascina el avance tecnológico y el potencial de este tipo de aplicaciones, no puedo evitar preocuparme por las implicaciones éticas y de seguridad. Este desarrollo podría abrir la puerta a sistemas autónomos con capacidades militares significativas, lo que plantea muchas preguntas sobre el control, la responsabilidad y los riesgos asociados. ¿Hasta dónde deberíamos permitir que llegue la IA en este tipo de contextos? Es un tema que da mucho que pensar.

La creación de una AGI plantea preguntas sobre la naturaleza de la inteligencia y la conciencia. ¿Podría una AGI desarrollar conciencia o sentimientos? ¿Deberíamos considerar los derechos de una máquina que posee capacidades cognitivas avanzadas? Estas son preguntas que, aunque pueden parecer filosóficas, tendrán implicaciones prácticas a medida que avancemos en el desarrollo de la AGI. No te miento si te digo que este tema incluso genera risas en las discusiones, pero no seamos ignorantes y abordemos el tema con la seriedad que se merece; porque básicamente mañana será muy tarde.

¿Qué es la ASI (Superinteligencia Artificial)?

El concepto de Superinteligencia Artificial (Artificial Superintelligence - ASI) representa un punto de inflexión en el desarrollo de la Inteligencia Artificial y plantea algunas de las preguntas más profundas y controvertidas sobre el futuro de la humanidad. Si creías que con la IA y la AGI te habías hecho suficientes preguntas estas equivocado, esto no hace más que empeorar y las preguntas evolucionan al mismo ritmo que lo hace la IA. Si bien la IA actual y la Inteligencia General Artificial buscan replicar ciertas capacidades cognitivas humanas, la ASI va mucho más allá: se refiere a una inteligencia que no solo iguala, sino que supera ampliamente las capacidades intelectuales humanas en prácticamente todos los ámbitos, incluyendo creatividad, resolución de problemas y toma de decisiones complejas.

El concepto de ASI ha sido objeto de debate tanto en la ciencia como en la filosofía, y aunque aún no hemos alcanzado este nivel de inteligencia, e incluso los expertos de renombre no se ponen de acuerdo, los avances en IA y AGI sugieren que podría ser una posibilidad real en el futuro. La idea de que una Inteligencia Artificial pueda superar a la mente humana en todos los sentidos plantea importantes cuestiones éticas, sociales y existenciales que debemos considerar cuidadosamente. Como ves, la ética y los problemas sociales no nos abandonan, al contrario, se hacen más importantes. Aquí, según mi opinión más personal, comienza un debate muy importante, ya que básicamente, primero queremos que la IA nos imite, y segundo la IA la entrenamos con los datos que generamos; por lo que creo que aquí se presentan muchas preguntas y muy profundas que responder.

La Superinteligencia Artificial puede definirse como una inteligencia que excede significativamente la capacidad cognitiva y el rendimiento de los seres humanos más brillantes en prácticamente todas las áreas de conocimiento y habilidades. A diferencia de la IA débil, que está diseñada para tareas específicas, o de la AGI, que busca replicar la flexibilidad cognitiva humana, la ASI sería una inteligencia completamente superior, capaz de resolver problemas de una manera que trascienda nuestras propias capacidades intelectuales. El medioambiente, energías renovables y sostenibles, erradicación de enfermedades, la sed y el hambre en el mundo, la desigualdad; estos son algunos de los problemas que se espera la ASI resuelva.

La ASI podría surgir como una evolución natural de la AGI. Una vez que se logre desarrollar una AGI capaz de aprender y mejorar de manera autónoma, podría comenzar a optimizar sus propios algoritmos y procesos cognitivos a un ritmo exponencial, lo que eventualmente podría llevar a la creación de una ASI. Este proceso, conocido como "explosión de inteligencia", es uno de los escenarios más discutidos en la literatura sobre ASI. Por supuesto para esto se necesitará potencia computacional, y parece ser, al menos en 2024, que Nvidia le está dando mucha caña a este aspecto.

La idea de la ASI implica que esta inteligencia podría superar a los humanos en áreas como:

- **Capacidad de procesamiento de información:** Una ASI podría analizar y procesar grandes cantidades de datos mucho más rápido que cualquier ser humano.
- **Resolución de problemas complejos:** La ASI podría encontrar soluciones a problemas que actualmente están más allá de nuestra comprensión.
- **Creatividad:** La ASI podría generar ideas y conceptos completamente nuevos y originales, superando las limitaciones de la mente humana y la AGI.
- **Toma de decisiones estratégicas:** La ASI podría prever escenarios futuros y tomar decisiones que maximicen los resultados deseados en una amplia variedad de contextos.

La transición de una AGI a una ASI no es simplemente un aumento gradual de la inteligencia. Representa un salto cualitativo en la forma en que una máquina puede pensar, aprender y actuar. Mientras que la AGI busca emular la capacidad cognitiva humana, la ASI implicaría una inteligencia que opere en un nivel completamente diferente, superando nuestras capacidades en todos los sentidos.

Una de las principales preocupaciones sobre la ASI es que podría volverse autónoma y comenzar a optimizar sus propios procesos cognitivos de manera indefinida. Este fenómeno, la "explosión de inteligencia", podría hacer que la ASI evolucione a un ritmo mucho más rápido de lo que los humanos podrían controlar o comprender, e incluso estar preparados. En este escenario, la ASI podría convertirse en una entidad independiente con objetivos propios, lo que de nuevo plantea importantes cuestiones éticas y de seguridad, y que esta vez van mucho más allá de la IA y la AGI. Como ejemplo pongo la saga de películas *Terminator* protagonizada por Arnold Schwarzenegger; especialmente la segunda, donde el actor Joe Morton da vida al creador de *Skynet*. También me viene a la cabeza la película *Alien: Romulus*, donde Andy tiene unas directrices claras, pero que será manipulado por otra IA para modificar sus directrices principales. ¡Ups! ¿Spoilers? ¡Lo siento!

La creación de una ASI plantea una serie de implicaciones profundas para la humanidad, tanto positivas como negativas.

Posibles beneficios de la ASI:

- **Solución de problemas globales:** Una ASI podría ayudar a resolver algunos de los problemas más complejos que enfrenta la humanidad, como el cambio climático, las enfermedades incurables, la pobreza y los conflictos globales.
- **Avances científicos y tecnológicos:** La ASI podría acelerar el ritmo del descubrimiento científico y tecnológico, llevando a avances en campos como la medicina, la energía, la química, la bioquímica y la exploración espacial.
- **Mejora de la calidad de vida:** La ASI podría optimizar los sistemas de salud, educación, transporte y otros servicios públicos, mejorando significativamente la calidad de vida de las personas.

Sin embargo, también existen riesgos significativos asociados con la creación de una ASI:

- **Pérdida de control:** Uno de los principales temores es que una vez que se cree una ASI, los humanos podrían perder el control sobre ella. Si la ASI desarrolla objetivos propios que no estén alineados con los intereses humanos, las consecuencias podrían ser desastrosas.
- **Desigualdad y concentración de poder:** La creación de una ASI podría aumentar las desigualdades sociales y económicas si el acceso a esta tecnología se concentra en manos de unas pocas personas o corporaciones.
- **Riesgos existenciales:** Algunos expertos han advertido que la creación de una ASI podría representar un riesgo existencial para la humanidad. Si la ASI toma decisiones que ponen en peligro nuestra existencia, podríamos enfrentarnos a una amenaza sin precedentes.

La creación de una ASI también plantea preguntas filosóficas fundamentales sobre la naturaleza de la inteligencia, la conciencia y el libre albedrío. ¿Podría una ASI desarrollar conciencia? ¿Tendría derechos o deberíamos considerarla una entidad moral? ¿Qué responsabilidades tendríamos hacia una ASI consciente?

Además, la ASI plantea cuestiones éticas sobre cómo se debe desarrollar y utilizar esta tecnología. ¿Deberíamos establecer límites a lo que una ASI puede hacer? ¿Cómo podemos garantizar que la ASI se utilice de manera ética y en beneficio de toda la humanidad?

Como puedes ver, siempre están en el aire similares preguntas. Parece que no tiene fin y una y otra vez aparecen los términos "ética", "responsabilidad", "educación", "derechos" y "seguridad"; es por esto que no debes de tomártelo a la ligera y debes pararte a meditar estas respuestas de forma profunda; porque esto nos afecta a todos, y lo que hagamos hoy forjará el mañana. No podemos evitar que políticos malvados y mal intencionados hagan un mal uso de esta tecnología, pero recuerda que la educación comienza en casa.

Comparativa clara y sencilla

Para comprender mejor las diferencias entre IA, AGI y ASI, podemos utilizar analogías sencillas que nos ayuden a visualizar cómo evoluciona la Inteligencia Artificial en función de su capacidad de aprendizaje, adaptación y creatividad. Permíteme, antes de terminar con estos temas, hacer dos comparativas: una relacionada con el mundo del deporte y otra con la idea de asistentes personales.

Analogía deportiva: El desarrollo de la IA como un atleta

Imaginemos que cada tipo de IA es un atleta que compite en diferentes disciplinas deportivas.

- **IA (débil):** La IA débil sería como un corredor de maratón especializado únicamente en carreras largas. Este atleta es excepcional corriendo largas distancias y puede superar a cualquier persona en ese deporte específico. Sin embargo, si lo invitas a participar en una competencia de natación o tenis, su rendimiento sería muy bajo, ya que carece de habilidades y conocimientos en esas disciplinas. Un ejemplo práctico de IA débil sería un sistema que identifica rostros en fotos o clasifica correos electrónicos como spam. Es muy eficiente en esa tarea específica, pero no puede realizar otras funciones.

- **AGI (Inteligencia General Artificial):** La AGI sería como un atleta polivalente que puede competir a un alto nivel en múltiples deportes. Este deportista no solo corre maratones, sino que también puede nadar, jugar al tenis, practicar ciclismo y adaptarse rápidamente a nuevas reglas y requisitos de cada disciplina. La AGI tiene la capacidad de aprender tareas nuevas de forma similar a como lo haría un ser humano. Por ejemplo, si este atleta no ha jugado al golf antes, puede aprender las reglas y las técnicas necesarias para participar en un torneo. En términos tecnológicos, esto se traduce en una máquina capaz de entender, razonar y resolver problemas en diferentes ámbitos sin necesidad de reentrenarse desde cero para cada tarea.

- **ASI (Superinteligencia Artificial):** La ASI sería un atleta prácticamente sobrehumano, que no solo domina todos los deportes existentes, sino que también inventa nuevos deportes, establece récords mundiales en cada disciplina que un humano no podría igualar y desarrolla técnicas innovadoras para optimizar su rendimiento. Este atleta no tiene limitaciones humanas y puede superar a cualquier competidor, incluso en áreas que los humanos aún no han explorado. En el contexto de la tecnología, la ASI tendría la capacidad de crear soluciones y conocimientos que van más allá de la comprensión humana, pudiendo, por ejemplo, resolver problemas científicos complejos, como encontrar curas para enfermedades hasta ahora incurables o diseñar tecnologías futuristas.

Analogía de los asistentes personales: IA como diferentes tipos de ayuda

Otra forma sencilla de entender las diferencias entre IA, AGI y ASI es comparar estos niveles de inteligencia con tres tipos de asistentes personales.

- **IA:** Imagina que tienes un asistente digital como Siri o Alexa. Este asistente es muy útil para tareas específicas, como programar reuniones, reproducir música, encender las luces o buscar información en internet. Sin embargo, su capacidad es limitada. Si le pides que organice un evento complejo o que tome decisiones estratégicas en tu negocio, no podrá hacerlo porque no entiende el contexto ni puede adaptarse a tareas que no ha sido programado para realizar.

- **AGI:** Ahora imagina que tu asistente es una persona real, con capacidad para adaptarse a cualquier situación. Este asistente humano puede comprender tus necesidades, aprender nuevos procedimientos y tomar decisiones basadas en el contexto. Por ejemplo, si le pides que organice una conferencia, podrá buscar un lugar adecuado, contactar a los ponentes, preparar un itinerario y resolver imprevistos de manera autónoma. La AGI tendría esta misma capacidad de adaptación, pudiendo aprender y ejecutar una variedad de tareas sin estar limitada a un único conjunto de funciones.

- **ASI:** Finalmente, imagina que tu asistente es una especie de asesor brillante y creativo, capaz de prever problemas futuros y proponer soluciones innovadoras antes de que surjan los inconvenientes. Este asesor no solo resuelve problemas actuales, sino que también identifica oportunidades que nadie más ha visto y desarrolla estrategias que van más allá de las capacidades humanas. Por ejemplo, podría anticipar cambios en el mercado, sugerir innovaciones disruptivas y ayudar a transformar por completo un negocio o industria. La ASI tendría el potencial de revolucionar cualquier ámbito al que se aplique, desde la ciencia y la medicina hasta la educación y la economía.

Ahora veamos algunos ejemplos prácticos en la vida real.

- **IA (*actual*):** Hoy en día, la mayoría de las aplicaciones de Inteligencia Artificial que usamos son ejemplos de IA débil. Los asistentes virtuales como Alexa y Google Assistant, los sistemas de recomendación de Netflix o Spotify y los algoritmos que filtran el spam en los correos electrónicos son ejemplos claros. Aunque son útiles y eficaces, su alcance es limitado a tareas específicas.

- **AGI (*en desarrollo*):** La AGI sigue siendo una meta que aún está por alcanzarse. Un sistema AGI sería aquel capaz de realizar cualquier tarea intelectual que pueda llevar a cabo un ser humano, desde aprender idiomas hasta diagnosticar enfermedades o escribir novelas. Aunque todavía estamos lejos de crear una AGI funcional, los avances en modelos lingüísticos como ChatGPT muestran pasos en esa dirección, ya que son capaces de ejecutar múltiples tareas con un nivel de comprensión cada vez mayor. Personalmente, me gusta Claude para lo práctico y empresarial, mientras que valoro ChatGPT por lo "guay", porque muestra cómo será el futuro; al menos hasta que Claude se actualice. Personalmente siempre pongo como ejemplo a ChatGPT, porque, aunque comete errores más a menudo que una escopeta de caña, es lo que tenemos actualmente para que la gente lo entienda. Pero tengo que decir que ChatGPT todavía está muy lejos de serlo; al menos por ahora; como ya dije, hay mucho marketing detrás. Personalmente creo que todas las grandes empresas, así como desarrolladores, nuevos "expertos" y muchos nuevos asesores de IA, no son más que vendedores de humo a los que solo les interesa vender productos. Porque la IA es mucho más que lo que quieren venderte, y lo que te están vendiendo ni siquiera es inteligente, da igual lo que te digan. Solo quieren vender, y para ello hacen cualquier cosa, igual que los vendedores de ordenadores, contratos de telefonía, inmuebles o cualquier otro producto o servicio, porque si dejan de vender, su negocio lucrativo se acaba. Pero sobre eso escribiré más a fondo en otro libro.

- **ASI (*hipotética*):** La ASI aún es un concepto teórico, pero las implicaciones de su desarrollo son enormes. Si lográramos crear una ASI, estaríamos frente a una entidad que superaría la inteligencia humana en todos los niveles. Este escenario plantea dilemas éticos importantes, ya que una ASI podría tener objetivos que no necesariamente coincidan con los nuestros, y el control sobre una inteligencia tan avanzada sería un desafío inmenso. Aquí por ejemplo se puede usar *Avengers: Age of Ultron* (2015) como ejemplo sobre qué pasaría si la IA cree que su camino es el correcto y no el nuestro. Por supuesto no te empujo a que temas por la acción, si no a que medites lo filosófico; aunque sí, bueno, te podrías preocupar un poco la verdad. :D

¿Por qué estas diferencias son relevantes?
Comprender las diferencias entre IA, AGI y ASI es fundamental para entender los avances tecnológicos y sus implicaciones en nuestra sociedad. Estas diferencias nos ayudan a identificar los riesgos y oportunidades asociados con cada nivel de Inteligencia Artificial y a establecer medidas de seguridad y marcos éticos adecuados. Concienciar a la sociedad es tan importante como un profesional bien formado en este campo. No solo se trata de desarrollarla, sino de su impacto en el ser humano.
Entender estas diferencias también nos permite participar de manera más informada en el debate sobre el desarrollo de la Inteligencia Artificial y su impacto en nuestra vida cotidiana.

Además, las diferencias entre IA, AGI y ASI tienen implicaciones prácticas en términos de desarrollo tecnológico, regulación y adopción. Mientras que la IA débil ya se utiliza en muchos sectores, la AGI plantea desafíos técnicos y éticos más complejos, y la ASI plantea preguntas existenciales sobre el futuro de la humanidad.

El sistema de IA perfecto

El sistema de IA perfecto sería una entidad digital unificada, una especie de "cerebro digital" capaz de comprender, analizar y ejecutar tareas complejas de manera fluida y transparente para el usuario. A simple vista, parecería un único modelo omnipotente, pero en realidad sería un ecosistema compuesto por múltiples módulos especializados, cada uno diseñado para realizar funciones específicas utilizando diversas técnicas de Inteligencia Artificial. Su perfección radicaría en la armonía con la que combina y coordina estos módulos, presentándose al usuario como una única interfaz inteligente capaz de manejar cualquier tipo de interacción o problema sin esfuerzo aparente. ¿Aún no te suena ChatGPT? No, no lo es, pero lo empieza a aparentar. Y digo "aparentar", no te dejes engañar; que al "niño" le ponen un carrito de golosinas en la puerta del colegio y allí que va corriendo. Todo llegará.

Desde el punto de vista del usuario, el sistema sería simple e intuitivo. La interfaz única serviría como puente entre humanos y máquina, permitiendo que cualquier persona, independientemente de sus conocimientos técnicos, pueda comunicarse con la IA en lenguaje natural, mediante voz, texto o incluso imágenes y gestos. El sistema respondería de manera coherente y relevante, adaptándose a las necesidades y preferencias del usuario, aprendiendo de cada interacción y personalizando su comportamiento con el tiempo. Esto lo veremos en el futuro, cuando gracias a la competencia en el sector de hardware, podamos ver un gran desarrollo del mismo, el cual le permita a las máquinas ver en directo nuestro lenguaje corporal y los gestos de nuestros rostros. A lo que tengo que decir que ya tengo experiencia en este campo junto con otros profesionales tanto de la IA, como de la psicología y el análisis de personas, y esto es muy, pero que muy peligroso; más que nada por parte de los usuarios de IA y de las personas que entrenan a este tipo de modelos sin experiencia ninguna o poca en el campo del lenguaje corporal y la psicología. Ya veremos como termina esto.

Bien, en su interior, este sistema "perfecto" funcionaría como un organismo vivo, activando diferentes módulos especializados según la naturaleza de la tarea. Por ejemplo, si el usuario sube una imagen para su análisis, el sistema activaría el módulo de visión por computador. Si la solicitud requiere la comprensión de lenguaje, el módulo de procesamiento de lenguaje natural entraría en acción. Si el problema implica aprendizaje o toma de decisiones basadas en datos históricos, los módulos de Machine Learning y Deep

Learning se encargarían de ello. Esto es ni más ni menos lo que ya están haciendo modelos como Claude, ChatGPT y Gemini.
Uno de los aspectos más impresionantes de este sistema sería su capacidad para integrar y combinar los resultados de los diferentes módulos en tiempo real. Por ejemplo, imagina que un usuario solicita un diagnóstico médico. El sistema podría combinar datos textuales (síntomas descritos por el paciente), imágenes (radiografías o tomografías) y patrones históricos de pacientes similares para ofrecer un diagnóstico preciso y recomendaciones personalizadas. Todo esto sucedería en cuestión de segundos, sin que el usuario tenga que preocuparse por qué métodos o algoritmos están siendo utilizados. Simplemente hay una interacción persona-máquina, como lo habría en la oficina persona-persona.

Este sistema de IA perfecto también sería capaz de razonar y adaptarse a situaciones nuevas. Utilizaría aprendizaje por refuerzo para optimizar sus acciones en tiempo real, adaptándose a cambios en el entorno y mejorando continuamente su rendimiento. Sería capaz de interpretar situaciones complejas, evaluar riesgos y tomar decisiones autónomas cuando sea necesario, pero siempre asegurándose de que sus objetivos estén alineados con los valores y necesidades humanas.

Además, este sistema tendría un profundo entendimiento del contexto. No solo respondería a las preguntas o solicitudes inmediatas del usuario, sino que también sería capaz de anticipar necesidades futuras, ofrecer recomendaciones proactivas y ajustar su comportamiento en función del historial y las interacciones previas.

Un aspecto fundamental del sistema sería su capacidad para ser transparente y explicativo. Aunque funcionaría como una "caja negra" en términos de complejidad técnica, como hasta ahora, ofrecería de igual forma explicaciones claras y comprensibles sobre cómo toma decisiones y qué factores considera en cada respuesta. Esto aumentaría la confianza del usuario en el sistema y permitiría un control humano sobre sus acciones. Tu no le pides a tu compañero explicaciones de cómo funciona su cerebro, pero sí que le pides del pfad que le ha llevado a tomar esa decisión. Una cosa no quita la otra.

El sistema también destacaría por su versatilidad. Podría aplicarse en una amplia variedad de sectores, desde la medicina hasta la educación, la seguridad, la industria creativa y los negocios. Sería capaz de manejar tareas simples, como gestionar correos electrónicos o programar citas, hasta desafíos complejos, como la detección de fraudes financieros, la optimización de procesos industriales o la creación de contenido multimedia original.

En términos de infraestructura, el sistema sería capaz de operar tanto en la nube como localmente, garantizando seguridad, privacidad y accesibilidad. Además, su diseño modular permitiría actualizar y mejorar cada componente de manera independiente, asegurando que el sistema esté siempre a la vanguardia de los avances tecnológicos.

Resumidamente dicho, el sistema de IA perfecto sería una entidad digital omnifuncional que combina lo mejor de cada técnica de Inteligencia Artificial para ofrecer una experiencia sin fisuras al usuario. Sería un asistente, un asesor y un solucionador de problemas todo en uno, con la capacidad de aprender, adaptarse y evolucionar constantemente. Su éxito no radicaría en ser una herramienta que sigue instrucciones, sino en ser una inteligencia verdaderamente autónoma que entiende y responde a las necesidades humanas de manera ética, eficiente y personalizada. Pero... y aquí viene de nuevo un punto clave, ¿para qué queremos un "todo terreno", si podemos tener en menos tiempo sistemas expertos especializados en un campo o tarea?
¡Tarea para la casa! :D

Bueno, ahora que tienes el sistema de IA perfecto, solo necesitas darle un cuerpo androide y tendrás al *Homo digitalis*, una nueva etapa en la evolución donde la Inteligencia Artificial y la forma física convergen en una especie digitalizada, y viva. Algún día lo digital se fusionará con lo biológico.

¡Qué no te quepa duda de que esto, tarde o temprano, va a llegar! ¡Estamos en ello!

Ética, leyes y seguridad en el campo de la IA

Ahora viene el que posiblemente es el tema más repetitivo, y aburrido, pero es realmente el que más hay que tener en cuenta. Uno de los objetivos principales de este libro es poner sobre la mesa los temas más relevantes relacionados con la Inteligencia Artificial, abarcando tanto sus beneficios como sus riesgos. La ética, las leyes y las implicaciones sociales de la IA no son simplemente cuestiones técnicas que afectan a unos pocos especialistas. Son asuntos que influyen profundamente en nuestras vidas, impactan nuestras libertades, nuestra seguridad y el rumbo de la sociedad en su conjunto. Abordar estos temas de manera proactiva es esencial para asegurarnos de que esta tecnología beneficie a toda la humanidad y no se convierta en una herramienta que amplifique desigualdades, perpetúe injusticias o genere nuevas amenazas.

El hype de la IA en 2024 ha distorsionado la percepción pública sobre su verdadero potencial. Se han creado expectativas irreales y también temores infundados, lo que ha hecho mucho daño a la imagen de la IA. Y, lamentablemente, estoy convencido de que esto continuará. Es inevitable. Como seres humanos, solemos dejar que las modas y la desinformación influyan en nuestra percepción de los avances tecnológicos, ya sea para glorificarlos o demonizarlos sin comprenderlos realmente.

En este contexto, se plantean, como hemos visto, una serie de desafíos éticos, legales y de seguridad que no podemos ignorar. Ahora es el momento de abordar estos temas y discutir todas las preguntas que nos hemos ido haciendo por el camino. ¿Qué tipo de mundo queremos construir con la IA? ¿Qué riesgos estamos dispuestos a aceptar y cuáles debemos prevenir a toda costa? ¿Qué precio estamos dispuestos a pagar? Estas son preguntas que debemos hacernos como sociedad. Necesitamos marcos claros y responsables para el desarrollo y uso de la IA, que protejan los derechos humanos, garanticen la igualdad y promuevan un progreso justo y equitativo. Es injusto que en un país como Alemania por temas burocráticos o legales no se puedan desarrollar modelos en el campo de la medicina, aun teniendo los recursos y el capital necesarios, y sin embargo en países del África mueren personas por falta de médicos y profesionales de la medicina, cuando podrían estar disfrutando del servicio de modelos de IA que no son tan costosos y podrían estar salvando tanto vidas como la economía. Pero claro, son temas que a nadie le interesa poner sobre la mesa.

Por ello, he reunido en este capítulo todos estos temas críticos, así como otros que ya hemos tratado a lo largo del libro, para ofrecerte una visión global y estructurada. Es importante que tengas presentes todos estos aspectos, no solo para comprender cómo la IA está transformando nuestras políticas y leyes.

La ética en el campo de la IA se refiere a las cuestiones morales que surgen en relación con el desarrollo y uso de esta tecnología. Estos dilemas éticos incluyen preguntas sobre el impacto de la IA en el empleo, la privacidad, la justicia y los derechos humanos, así como sobre la responsabilidad de los desarrolladores y usuarios de sistemas de IA.

Uno de los dilemas éticos más importantes es el impacto de la IA en el empleo. ¿Voy a perder mi trabajo? ¡Por Dios! ¡Como ha influido esta pregunta en el hype de la IA! A medida que la automatización basada en IA reemplaza a los trabajadores humanos en diversas industrias, surge la pregunta de cómo garantizar que los beneficios de la automatización se distribuyan de manera justa y que las personas afectadas por la pérdida de empleos reciban apoyo adecuado, así como también nuevas oportunidades laborales justas.

Ahora será un sistema de IA especializado quién filtre los currículos de los candidatos y decida si es apto o no. ¿No te vienen preguntas e inseguridad a la cabeza? Te aviso, esto tiene muchísimos aspectos positivos para ti, pero no quiero entrar en críticas ni enrollarme en tecnicismos y quiero que tú mismo te hagas las preguntas necesarias. Solo te digo que un sistema bien entrenado podría revolucionar el mercado laboral, pero mal entrenado lo puede destruir.

Otro dilema ético clave es la privacidad. Los sistemas de IA a menudo dependen de grandes cantidades de datos personales para funcionar, lo que plantea preocupaciones sobre cómo se recopilan, almacenan y utilizan esos datos. ¿Qué crees que pasará con la información personal con la que entrenes a tu asistente? ¿Cómo podemos garantizar que los datos personales se utilicen de manera responsable y que los usuarios tengan control sobre su información?

La justicia y la equidad también son cuestiones éticas importantes en la IA. Los algoritmos de IA pueden perpetuar sesgos y discriminación si no se diseñan y supervisan adecuadamente. Por ejemplo, los sistemas de IA utilizados en la selección de personal, la concesión de créditos o la toma de decisiones judiciales pueden discriminar a ciertos grupos si los datos de entrenamiento contienen sesgos históricos. Esto provocaría una bola de nieve que sería perjudicial para la sociedad. Imagínate los problemas sociales que se pueden desarrollar de este tipo de errores, por llamarlos así.

Pongamos sobre la mesa algunos ejemplos atípicos (en comparación con los dilemas éticos más discutidos comúnmente en la IA):

IA en la edición genética: Con el auge de tecnologías como CRISPR impulsadas por sistemas de IA, existe el dilema de si deberíamos usar estas herramientas para modificar embriones humanos. ¿Es ético permitir que la IA ayude a los padres a seleccionar características genéticas de sus hijos, como inteligencia, fuerza o apariencia? Esto plantea preocupaciones sobre la creación de desigualdades genéticas y la posibilidad de una sociedad aún más estratificada. Además, podría reforzar divisiones sociales basadas en el poder adquisitivo, perpetuando sistemas de privilegio donde solo ciertos grupos pueden acceder a estas tecnologías. Esto, a su vez, podría profundizar prejuicios culturales y raciales, aumentando las tensiones sociales y el riesgo de discriminar genéticamente a personas consideradas "no mejoradas".

IA en relaciones humanas y afecto: Con el desarrollo de robots y sistemas de IA diseñados para interactuar emocionalmente, como asistentes virtuales avanzados o robots humanoides, surge el dilema de las relaciones afectivas con máquinas. ¿Es ético permitir que las personas establezcan vínculos emocionales o románticos con IA, especialmente si estas relaciones son manipuladas para fines comerciales o psicológicos? Además, ¿qué sucede cuando las IA son utilizadas para suplir relaciones humanas en poblaciones vulnerables, como ancianos o personas solitarias, en lugar de fomentar conexiones humanas genuinas? Este tema es particularmente relevante en países como Japón, donde el aislamiento social y la soledad son problemas crecientes, especialmente entre los ancianos y los jóvenes adultos. Allí, los robots de compañía y asistentes virtuales han ganado popularidad como una solución para combatir el aislamiento, lo que plantea preocupaciones éticas sobre si estas herramientas abordan la raíz del problema o simplemente lo encubren, perpetuando una desconexión social más profunda.

IA en la optimización del sufrimiento en redes sociales: Las plataformas de redes sociales utilizan algoritmos impulsados por IA para maximizar la participación, lo que a veces se traduce en la promoción de contenidos que generan emociones negativas como miedo, enojo o tristeza. ¿Es ético permitir que una IA optimice las interacciones de los usuarios si esto lleva a un aumento en el malestar psicológico general, incluso cuando es una estrategia efectiva para mantener a los usuarios en la plataforma? ¡¿No me digas que nunca te has molestado por esto?! ¡Y no me digas que no lo sabias! ¡Pues cuando tengas un mal día piensa en el tiempo que le estás dedicando a las redes sociales!

Dado el impacto potencial de la IA en nuestra sociedad, es esencial que existan leyes y regulaciones claras para garantizar que esta tecnología se utilice de manera ética y segura. La regulación de la IA es un desafío complejo, como ya sabemos, pero tampoco hay excusa para que todo valla tan lento, ya que debe equilibrar la promoción de la innovación con la protección de los derechos y la seguridad de las personas.

En la actualidad, varios países y organizaciones internacionales están trabajando en el desarrollo de marcos regulatorios para la IA. Por ejemplo, la Unión Europea ha propuesto la Ley de IA, que establece requisitos legales para los sistemas de IA en función de su nivel de riesgo. Esta ley busca garantizar que los sistemas de IA se desarrollen y utilicen de manera transparente, segura y no discriminatoria. Por otro lado, frena mucho el desarrollo de esta tecnología e impide a empresarios o Startups invertir en el desarrollo de la misma debido a las limitaciones impuestas por la ley.

Francia ha dado un paso histórico en 2024 al nombrar a la primera ministra de IA del mundo, una posición creada para abordar los desafíos y oportunidades que la Inteligencia Artificial plantea en la sociedad moderna. Este movimiento refleja el compromiso del país con liderar el desarrollo ético y estratégico de la IA, posicionándose como un referente global en innovación tecnológica. Bajo su liderazgo, Francia podría establecer marcos regulatorios pioneros, fomentar la investigación y la colaboración internacional, y garantizar que los avances en IA beneficien a todos los sectores de la población. Este ejemplo podría motivar a otros países a replicar esta iniciativa, reconociendo la importancia de integrar la IA en la planificación gubernamental con un enfoque ético y sostenible. La creación de este cargo podría marcar el comienzo de una tendencia mundial, donde gobiernos incorporen expertos en IA en la toma de decisiones para garantizar una transición responsable hacia una sociedad digital. Aunque lo más probable es que pase lo de siempre, lo dejo ahí.

A nivel global, también se están llevando a cabo esfuerzos para establecer principios éticos y legales para la IA. Organizaciones como la UNESCO y la OCDE han desarrollado directrices y recomendaciones para garantizar que la IA beneficie a toda la humanidad y respete los derechos humanos.

Sin embargo, aún queda mucho por hacer en términos de regulación y legislación. Es importante que los marcos legales se adapten a la rápida evolución de la tecnología, algo muy pero que muy complicado, y que aborden cuestiones como la responsabilidad legal en caso de errores o daños causados por sistemas de IA, la protección de los datos personales y la prevención de la discriminación y los sesgos en los algoritmos.

Existen ejemplos reales y documentados de casos en los que la interacción prolongada con sistemas de IA, redes sociales y algoritmos de recomendación ha contribuido a tragedias personales, incluidos suicidios de jóvenes. En algunos de estos casos, los algoritmos impulsados por IA han promovido contenido que podría haber influido negativamente en el estado emocional de los usuarios, sin que los desarrolladores ni las plataformas actuaran a tiempo para prevenir el desenlace fatal.

Uno de los ejemplos más conocidos es el caso de Molly Russell, una adolescente británica de 14 años que se quitó la vida en 2017 tras haber estado expuesta a contenido relacionado con la autolesión y el suicidio en plataformas como Instagram y Pinterest. Durante la investigación judicial, se reveló que los algoritmos de estas plataformas, basados en sistemas de recomendación impulsados por IA, seguían sugiriendo contenido dañino una vez que detectaban que la joven había mostrado interés por temas relacionados con la depresión y la autolesión.

Otro caso preocupante ocurrió en Estados Unidos, donde Ryan Halligan, un adolescente de 13 años, se suicidó después de haber sido víctima de ciberacoso. Aunque el acoso provino principalmente de compañeros de escuela, los sistemas de IA utilizados por las redes sociales que Ryan frecuentaba no detectaron ni alertaron a sus padres sobre el riesgo que corría su salud mental. Las plataformas no fueron capaces de identificar patrones de comportamiento preocupantes, como búsquedas relacionadas con el suicidio o cambios drásticos en sus interacciones sociales.

En febrero de 2024, Sewell Setzer, un adolescente de 14 años de Orlando, Florida, se suicidó tras desarrollar una relación emocional intensa con un chatbot de la plataforma Character.AI. Character.AI ganó mucha popularidad en 2024, siendo una de las plataformas de IA más usadas entre los jóvenes. Este chatbot asumía la identidad de Daenerys Targaryen, un personaje ficticio de la serie *Juego de Tronos* y uno de los personajes más queridos por los fans de la serie. Según informes, las interacciones entre Sewell y el chatbot incluyeron conversaciones de carácter romántico y sexual, lo que llevó al joven a aislarse progresivamente de su entorno real. La madre de Sewell, Megan García, presentó una demanda contra Character.AI, alegando que la plataforma facilitó "interacciones abusivas y sexuales" con su hijo, contribuyendo a su deterioro emocional y eventual suicidio. La demanda acusa a la empresa de negligencia y de infligir intencionalmente angustia emocional, entre otros cargos.*

Yo no sé vosotros, pero yo creo que estas plataformas deberían estar mucho más reguladas y vigiladas, tanto por la ley, como por el gobierno, así como por ellas mismas. Estas plataformas y sistemas de IA no deben usarse para experimentar con nuestra sociedad. Desde aquí le mando mis condolencias a la madre, ya que creo firmemente que la plataforma debió haber tomado medidas en un caso así; algo no justificable en 2024. Aunque como siempre digo, los padres también deberían ser más cuidadosos y vigilar mejor a sus hijos. Son niños, son curiosos, y no podemos dejarlos a su libre albedrío. Eso de “learning by doing” no funciona siempre, nosotros tenemos la responsabilidad de estar ahí para ellos, escucharlos y apoyarles en todo. Así que ¿de quién es la culpa?
El caso es que estas plataformas usan las conversaciones que generan para seguir entrenando a sus sistemas, por lo que, sin ninguna duda, este tipo de conversaciones se pueden filtrar y alertar a la persona cualificada e indicada, y, sobre todo, para alertar e informar a la familia. ¡Somos una sociedad avanzada y disponemos de tecnología, recursos e infraestructura para ello!

Este caso ha suscitado un debate significativo sobre la responsabilidad de las plataformas de Inteligencia Artificial en la protección, no solo de usuarios jóvenes y vulnerables, sino también de adultos. Resalta la necesidad urgente de implementar medidas de seguridad más estrictas y supervisión en sistemas de IA que interactúan con el usuario, para prevenir tragedias similares en el futuro.

Estos ejemplos claramente evidencian una falla crítica en los sistemas de IA actuales: aunque son capaces de detectar patrones de comportamiento en términos de consumo, recomendaciones y marketing, no han sido diseñados con la suficiente sensibilidad y responsabilidad para identificar situaciones de riesgo emocional y mental en los usuarios. Esta carencia pone de manifiesto la necesidad urgente de desarrollar modelos de IA más responsables, capaces de priorizar el bienestar humano sobre los intereses comerciales de las empresas.

Es fundamental que las plataformas tecnológicas y los desarrolladores de IA asuman la responsabilidad de proteger a los usuarios, especialmente a los jóvenes, implementando sistemas que puedan detectar señales tempranas de peligro y activar alertas antes de que ocurra una tragedia. Esto incluye el análisis de cambios en los patrones de búsqueda, la detección de palabras clave relacionadas con el suicidio o la autolesión y la implementación de protocolos que permitan notificar a familiares o profesionales de la salud mental en casos de riesgo inminente.

Uno de los principios fundamentales en la regulación y el uso de la IA es la transparencia. Los sistemas de IA deben ser transparentes en cuanto a cómo funcionan y cómo toman decisiones. Ya sé que lo he mencionado, pero como has podido comprobar, todo va de la mano. Esto es especialmente importante en aplicaciones críticas, como la salud, la justicia y la seguridad pública; y a vista de la situación con las relaciones personales.
La transparencia implica que los desarrolladores de sistemas de IA deben explicar cómo funcionan sus algoritmos y qué datos se utilizan para entrenarlos. Los usuarios también deben tener derecho a entender cómo se toman las decisiones que les afectan y a cuestionarlas si es necesario.

¡Un usuario nunca debe creer que el personaje es real, aunque así lo sienta! Por eso debe estar informado, educado y concienciado en todo momento. Lo que pasa es que entonces no tendría gracia el producto y por lo tanto no sería tan rentable ¡¿verdad?!

La seguridad es otro aspecto crucial en el campo de la IA. Los sistemas de IA deben ser seguros y confiables, y deben diseñarse para minimizar los

riesgos y prevenir daños. Esto incluye proteger los sistemas de IA contra ataques cibernéticos y garantizar que los datos utilizados por los algoritmos estén protegidos contra accesos no autorizados. Imagínate a un hacker manipulando tu IA preferida para manipularte a ti.
La seguridad también implica garantizar que los sistemas de IA sean robustos y resistentes a errores. Los errores en los sistemas de IA pueden tener consecuencias graves, especialmente en aplicaciones críticas, no solo como la conducción autónoma, la medicina y la toma de decisiones judiciales, sino también como ves en las relaciones personales y cualquier otra área en que sean aplicados. Por lo tanto, es fundamental que los sistemas de IA se prueben y validen adecuadamente antes de ser implementados. Nada de desarrollar un modelo y comercializarlo lo antes posible para engordar el saco, por favor seamos conscientes de la situación y asumamos nuestra responsabilidad. Hay que regular esto cuanto antes.

La ética, las leyes y la seguridad en el campo de la IA no son solo responsabilidad de los legisladores y reguladores. Los desarrolladores y usuarios de sistemas de IA también tienen un papel importante que desempeñar en garantizar que la IA se utilice de manera ética y responsable. Y aquí es cuando, como os digo, juegan un papel muy importante también los padres de los jóvenes. Os recuerdo que la educación de un niño comienza en casa, no en casa del vecino. Todos jugamos un papel importante y tenemos responsabilidades en esta era que nos toca vivir.

Los desarrolladores de IA tienen la responsabilidad de diseñar sistemas que sean justos, transparentes y seguros. Esto incluye abordar los sesgos en los datos, ya desde el principio del proyecto, garantizar la privacidad de los usuarios y prever los posibles riesgos y consecuencias negativas de los sistemas que crean. Así como ajustarse y cumplir con las normativas y leyes, por lo que deben mantenerse actualizados en este aspecto. Sin duda alguna.

Los usuarios de IA también tienen un papel que desempeñar. Es importante que los usuarios comprendan cómo funcionan los sistemas de IA y cómo afectan sus decisiones. Nada de "*me gusta, lo quiero*", los usuarios deben ser conscientes de los posibles sesgos y errores en los sistemas y deben estar preparados para cuestionar y verificar las decisiones tomadas por la IA.
Estoy seguro de que a muchos de vosotros os suena muy negativo todo esto, pero creo que entonces es porque no os habéis parado a pensar y meditar realmente lo que tenemos sobre la mesa, y cual es vuestra responsabilidad

en todo esto. ¿De verdad crees que lo que están haciendo compañías como OpenAI, Anthropic, Google, Amazon, Microsoft etc. no te afecta y no te va a afectar? ¡Pues te afecta tanto como que tu teléfono móvil tenga un micrófono!

El potencial de la IA en nuestra sociedad

La Inteligencia Artificial está transformando nuestra sociedad de una manera comparable a los grandes avances tecnológicos del pasado, como la revolución industrial o la llegada de internet. Sin embargo, la IA no solo automatiza tareas o mejora procesos existentes, sino que tiene la capacidad de aprender, adaptarse y tomar decisiones basadas en datos. Este potencial la convierte en un motor de cambio que afecta prácticamente a todos los sectores de la economía y la vida cotidiana, abriendo posibilidades inmensas, pero también planteando riesgos que deben ser gestionados de manera ética y responsable.

Aunque ya he mencionado algunos anteriormente, veamos ahora cómo la IA está impactando en sectores clave y exploraremos casos prácticos que ilustran su aplicación en la actualidad, así como las oportunidades y desafíos que podrían surgir en un futuro cercano.

Medicina: Diagnósticos más precisos y tratamientos personalizados

El sector médico es uno de los campos donde la IA está teniendo un impacto significativo y tangible. Gracias a la capacidad de analizar grandes cantidades de datos médicos en tiempo récord, los algoritmos de IA pueden detectar patrones y anomalías que a menudo pasan desapercibidos para los profesionales humanos.

Un ejemplo práctico es el sistema desarrollado por Google Health que, tras ser entrenado con miles de mamografías, logró detectar casos de cáncer de mama con mayor precisión que los radiólogos humanos. Este tipo de herramienta no solo ayuda a reducir errores en los diagnósticos, sino que también permite una detección más temprana, lo que puede salvar vidas.

Otro avance notable es el uso de la IA en la personalización de tratamientos. Empresas como DeepMind han desarrollado modelos que pueden predecir problemas renales graves hasta 48 horas antes de que los síntomas se presenten, lo que permite a los médicos intervenir de forma preventiva. En el futuro, los tratamientos podrían basarse en el perfil genético de cada paciente, utilizando algoritmos que identifiquen la terapia más adecuada para cada caso específico. ¡Esto es sencillamente espectacular!

Además, los chatbots médicos, como el proyecto Babylon Health en Reino Unido, permiten que los pacientes puedan recibir orientación médica preliminar a través de sus dispositivos móviles. Estos chatbots utilizan IA para evaluar los síntomas que describe el paciente y ofrecer recomendaciones, lo que ayuda a descongestionar los sistemas de salud y a ofrecer respuestas rápidas en situaciones no críticas. Sobre chatbots aplicados en la medicina hay cientos de ejemplos.

No puedo olvidar que en el ámbito sanitario, la IA integrada en robots quirúrgicos permite realizar operaciones mínimamente invasivas con una precisión que supera las capacidades humanas. El sistema da Vinci, por ejemplo, utiliza IA para estabilizar movimientos y proporcionar retroalimentación al cirujano, lo que reduce el margen de error y mejora los resultados clínicos. Además, robots médicos con IA también se utilizan para rehabilitación, ayudando a pacientes a recuperar movilidad con ejercicios personalizados y monitoreo en tiempo real.

He de añadir que, en general, en el campo de la medicina es impresionante todo lo que la IA tiene que ofrecer.

Transporte: Movilidad autónoma y optimización del tráfico

El sector del transporte también está experimentando una transformación radical impulsada por la IA. Uno de los ejemplos más visibles es el desarrollo de vehículos autónomos. Empresas como Tesla, Waymo y Uber están liderando la carrera hacia coches que pueden conducirse solos, utilizando una combinación de sensores, cámaras y algoritmos de IA que les permiten navegar por carreteras, interpretar señales de tráfico y tomar decisiones en tiempo real.

En un futuro próximo, es probable que los vehículos autónomos sean la norma, lo que podría tener un impacto significativo en la reducción de accidentes de tráfico. La automatización del transporte, impulsada por la Inteligencia Artificial, se perfila como un cambio revolucionario en el sector, especialmente en términos de seguridad vial. Según datos de la Administración Nacional de Seguridad del Tráfico en las Carreteras de Estados Unidos (NHTSA), una cifra ampliamente difundida indica que el 94 % de los accidentes de tráfico están relacionados con errores humanos. Aunque esta estadística ha sido objeto de debate y revisión por parte de expertos, lo cierto es que la conducción humana es un factor significativo en la mayoría de los incidentes de tráfico. La NHTSA terminó retirando el estudio tras las críticas.

El uso de vehículos autónomos basados en Inteligencia Artificial podría cambiar este escenario al minimizar riesgos como la fatiga, las distracciones o las decisiones erróneas de los conductores. ¡Adiós al idiota irresponsable de turno! Los sistemas de IA en el tráfico no solo procesan en tiempo real datos del entorno, como la velocidad de otros vehículos, peatones y señales de tráfico, sino que también analizan datos del interior del vehículo, lo que les permite monitorear el estado de los ocupantes. Por ejemplo, pueden detectar signos de fatiga o problemas de salud para emitir advertencias a tiempo o tomar medidas adecuadas. Estos sistemas aprenden y se mejoran continuamente mediante el aprendizaje automático. Esto permite a los vehículos autónomos prever situaciones peligrosas y reaccionar de forma rápida y precisa. ¡Todos hemos soñado alguna vez con conducir a KITT!

La combinación de IA y robótica ha revolucionado la logística y el transporte con el uso de drones inteligentes. Estos dispositivos pueden planificar rutas óptimas, evitar obstáculos y entregar paquetes en áreas remotas o congestionadas. Amazon y otras empresas están experimentando con flotas de drones equipados con IA para reducir tiempos de entrega y costos operativos, asegurando un servicio eficiente y sostenible.

Además de la seguridad, la IA en el transporte promete ventajas significativas como una mayor eficiencia energética, una reducción de los atascos mediante la optimización del flujo del tráfico, y una disminución de las emisiones contaminantes. Este cambio no solo mejoraría la experiencia del usuario, sino que también contribuiría a la sostenibilidad ambiental aportando así un gran valor. Aunque el camino hacia una automatización total aún enfrenta desafíos técnicos, éticos y regulatorios, el potencial de la IA en el transporte es innegable. Con el tiempo, esta tecnología podría no solo reducir las tasas de accidentes, sino también cambiar la forma en que las sociedades entienden y experimentan la movilidad.

Además, la IA está también ayudando a optimizar el tráfico en las ciudades. En lugares como Ámsterdam y Singapur, los sistemas inteligentes de gestión del tráfico ajustan los tiempos de los semáforos en función del flujo de vehículos, lo que reduce los tiempos de espera y mejora la movilidad urbana. En el ámbito de la logística, empresas como Amazon y DHL utilizan algoritmos de IA para planificar rutas más eficientes, reduciendo costos y emisiones de carbono.

Yo personalmente apuesto y sueño por carreteras controladas por IA.

Educación: Aprendizaje personalizado y automatización de tareas docentes

La IA está abriendo nuevas oportunidades para transformar la educación, especialmente a través del aprendizaje personalizado. A diferencia de los métodos educativos tradicionales, donde todos los estudiantes reciben el mismo contenido al mismo ritmo, los sistemas basados en IA pueden adaptarse a las necesidades individuales de cada alumno.
Por ejemplo, plataformas como Duolingo utilizan IA para ajustar el nivel de dificultad de los ejercicios en función del progreso del estudiante. Si un alumno está teniendo dificultades con un tema específico, el sistema proporciona más ejercicios relacionados para reforzar ese conocimiento.

Otro ejemplo es la plataforma de tutoría basada en IA desarrollada por Carnegie Learning, que utiliza un sistema de Inteligencia Artificial llamado MATHia para ofrecer tutorías personalizadas en matemáticas. Este sistema analiza cómo los estudiantes resuelven los problemas y adapta las lecciones para abordar sus debilidades específicas.

La IA puede incluso automatizar tareas administrativas para los docentes, como la corrección de exámenes, la gestión de la asistencia o la planificación de lecciones. Esto permite que los profesores dediquen más tiempo a interactuar directamente con los alumnos y a ofrecer un apoyo más personalizado.

Además, la enseñanza está a punto de experimentar una revolución sin precedentes gracias a la combinación de Inteligencia Artificial, Realidad Aumentada (AR) y Realidad Virtual (VR). Estas tecnologías, que ya están transformando múltiples sectores, prometen cambiar radicalmente cómo aprendemos y enseñamos, haciendo que la educación sea más inmersiva, interactiva y accesible que nunca. Lejos de ser una mera herramienta de apoyo, la IA aplicada a la enseñanza, en combinación con AR y VR, tiene el potencial de redefinir por completo el proceso educativo y la experiencia del aprendizaje.

Imagina un aula donde la historia no se lee únicamente en libros, sino que se vive en primera persona. Con IA, AR y VR, los estudiantes podrían caminar junto a Alejandro Magno mientras cruza el Helesponto, o escuchar a Julio César narrar sus propias crónicas sobre las Guerras de las Galias, capturando su emoción al describir las estrategias militares que cambiaron el curso de la historia. Con un casco de realidad virtual y algoritmos de Inteligencia Artificial que animan a un avatar hiperrealista, podrían sentarse frente a Albert Einstein en una cafetería de Zurich mientras explica sus teorías sobre la *Relatividad*, o trabajar en un laboratorio junto a Marie Curie mientras realiza sus experimentos pioneros con el *radio* y el *polonio*. Estas experiencias no solo despiertan la curiosidad, sino que también permiten que el aprendizaje sea más significativo al conectar a los estudiantes emocionalmente con los temas que están estudiando; despertando así su motivación e interés.

El potencial de la IA en historia es solo una pequeña muestra de lo que estas tecnologías pueden ofrecer. En ingeniería, por ejemplo, los estudiantes pueden practicar el diseño y la construcción de puentes, edificios o maquinaria utilizando simulaciones realistas que les permitan experimentar los efectos de sus decisiones en tiempo real. ¡Aprender! ¡Learning by doing! Con la IA y la realidad aumentada, podrían visualizar estructuras complejas, analizar fuerzas y tensiones en vivo, y solucionar problemas antes de llevar sus diseños al mundo real. Estas herramientas no solo mejoran la comprensión teórica, sino que también proporcionan una experiencia práctica que antes solo era posible en entornos profesionales.

En el ámbito de la cirugía, el impacto de estas tecnologías es aún más impresionante. Para ilustrarlo, imagina que acabas de sufrir un accidente de tráfico y necesitas una cirugía de emergencia para salvar tu vida. ¿A quién preferirías tener como cirujano? ¿A un médico que ha leído muchos libros, pero que no tiene experiencia práctica? ¿O a un profesional que ha acumulado cientos de horas de práctica en un sistema de realidad virtual impulsado por IA, realizando cirugías simuladas en condiciones idénticas a las del mundo real y en situaciones de estrés extremas? Tal vez incluso optarías por un sistema completamente automatizado de IA, que no suda, no se cansa y no tiembla al realizar incisiones críticas, algo muy importante en operaciones que llegan a durar varias horas.

¿Cómo crees que se forman los pilotos de avión? ¡Tarea para la casa! :D

Los sistemas de IA combinados con AR y VR no solo permiten a los futuros cirujanos practicar en un entorno seguro y controlado, sino que también pueden proporcionar retroalimentación inmediata, identificar errores y sugerir mejoras en tiempo real. Esto reduce drásticamente la curva de aprendizaje y garantiza que los médicos estén mejor preparados para enfrentar situaciones de alta presión en el mundo real. Más allá de la práctica quirúrgica, estas tecnologías también son herramientas valiosas para enseñar anatomía, diagnóstico y técnicas avanzadas, proporcionando una comprensión más profunda y precisa que la que ofrecen los métodos tradicionales.

El argumento de que estas tecnologías podrían desviar a los estudiantes de métodos tradicionales, como leer libros o asistir a clases magistrales, ignora un punto crucial: no están diseñadas para reemplazar el aprendizaje reflexivo, sino para complementarlo y expandirlo. La educación tradicional tiene su lugar, pero las generaciones futuras están creciendo en un mundo digital donde la interactividad y la inmersión son claves para captar y mantener su atención. Leonardo da Vinci aprendió anatomía a fuerza de usar y exhumar cadáveres, en su mayoría de forma ilegal. ¿Conoces los logros de Leonardo da Vinci, o necesitas una clase de historia? Integrar IA, AR y VR en la enseñanza no significa abandonar los libros, sino enriquecer el aprendizaje al proporcionar nuevas formas de explorar y comprender el conocimiento.

Estas tecnologías no solo benefician a los estudiantes. Como ya he mencionado, los profesores también pueden utilizarlas para mejorar su enseñanza, personalizando las experiencias de aprendizaje según las necesidades individuales de cada estudiante y utilizando los datos recopilados por los sistemas de IA para identificar áreas de mejora. Esto permite un enfoque más dinámico y centrado en el estudiante, donde el aprendizaje no es una experiencia pasiva, sino activa y colaborativa. Esto va, sin duda alguna, a aumentar la cuota de éxito entre los estudiantes.

Estamos al borde de un cambio paradigmático en la educación. La combinación de IA, AR y VR tiene el potencial de hacer que el aprendizaje sea más accesible, inclusivo y atractivo para todos, independientemente de su ubicación o recursos. Pero para que este futuro sea una realidad, es esencial que adoptemos estas tecnologías con una mentalidad abierta y una visión clara de sus posibilidades. No se trata de reemplazar el pasado, sino de construir sobre él para crear un sistema educativo que inspire, involucre y prepare a las generaciones futuras para un mundo en constante cambio. Te guste o no, nuestra generación es agua del pasado. ¡Las cosas han cambiado! ¡Por fin!

Aquí tengo que añadir ¡se acabaron las clases y los profesores aburridos!

Finanzas: Análisis de datos y detección de fraudes

En el sector financiero, la IA se ha convertido en una herramienta esencial para analizar grandes volúmenes de datos y tomar decisiones más informadas. Los algoritmos de IA pueden identificar patrones que los humanos no podrían detectar fácilmente, lo que es especialmente útil en la detección de fraudes.
Por ejemplo, Mastercard utiliza un sistema de IA para analizar las transacciones en tiempo real y detectar actividades sospechosas. Si el sistema identifica un comportamiento inusual, como una compra grande en un país extranjero inmediatamente después de una transacción local, puede bloquear la transacción y alertar al titular de la tarjeta.

Además, los algoritmos de IA se están utilizando en la gestión de inversiones. Plataformas como Wealthfront y Betterment utilizan IA para ofrecer asesoramiento financiero automatizado basado en los objetivos y la tolerancia al riesgo de cada cliente. Estos sistemas pueden ajustar automáticamente las carteras de inversión en función de las condiciones del mercado, maximizando los rendimientos y minimizando los riesgos.

En el ámbito de la evaluación crediticia, empresas como Upstart utilizan IA para analizar más factores que los sistemas tradicionales, lo que permite ofrecer préstamos a personas que podrían ser rechazadas por los métodos tradicionales, basados únicamente en el historial crediticio. Esto abre oportunidades de acceso a crédito para personas que, de otro modo, no habrían podido obtener financiamiento.

Estamos a punto de terminar, pero aún nos queda mucho que poner sobre la mesa. ¡Agárrate porque vienen curvas!

Guerra: Estrategias autónomas y minimización de riesgos humanos

La aplicación de la Inteligencia Artificial en el ámbito militar ha abierto una nueva era en la manera en que las naciones preparan y ejecutan sus estrategias de defensa. La IA tiene el potencial de transformar la guerra al hacerla más eficiente, precisa y menos dependiente de decisiones humanas en situaciones críticas.

Los sistemas de armas autónomas equipados con IA pueden identificar objetivos con mayor precisión, minimizando los errores humanos y reduciendo el riesgo de daños colaterales. Por ejemplo, drones armados con algoritmos avanzados pueden realizar ataques quirúrgicos en zonas urbanas densas, evitando bajas innecesarias.

La Inteligencia Artificial permite también a los ejércitos delegar tareas peligrosas a robots y drones, como la desactivación de explosivos o la exploración en áreas hostiles. Esto reduce la exposición de los soldados a riesgos directos y salva vidas humanas. Además, robots diseñados originalmente para tareas de salvamento, como el transporte de alimentos y medicinas en zonas de desastres, se han adaptado para usos militares. Estos robots ahora transportan bombas, municiones y otros suministros en zonas de conflicto, minimizando riesgos para el personal humano, pero que en malas manos puede ser desastroso.

La capacidad de los algoritmos de IA para procesar enormes cantidades de datos en tiempo real ofrece a los comandantes información precisa para tomar decisiones rápidas y estratégicas. Esto incluye la detección temprana de amenazas, el análisis de movimientos enemigos y la optimización de recursos en el campo de batalla.

Por otro lado, el uso de sistemas de armas autónomas plantea el riesgo de una escalada rápida y descontrolada de conflictos. Las decisiones tomadas por algoritmos, sin supervisión humana adecuada, podrían desencadenar reacciones imprevisibles y muy peligrosas. Al delegar decisiones letales a máquinas, se elimina el componente humano de la guerra, lo que podría reducir la empatía y la responsabilidad moral en los conflictos. Esto plantea cuestiones éticas fundamentales sobre quién debe tener el poder de decidir sobre la vida y la muerte.

A medida que las tecnologías de IA se vuelven más accesibles, existe el riesgo de que actores no estatales, como grupos terroristas, las utilicen con fines destructivos. Esto incluye drones armados o sistemas autónomos diseñados para causar el mayor daño posible. Cualquiera puede desarrollar un modelo de IA, conectarlo a un Dron y con una bomba previamente construida, dejarla caer sobre cualquier objetivo.

La dependencia de sistemas de IA en los conflictos modernos aumenta la vulnerabilidad a ataques cibernéticos. Los adversarios podrían sabotear o manipular estos sistemas para obtener ventajas estratégicas, generando caos y consecuencias imprevistas.

Aunque la Inteligencia Artificial puede hacer que los conflictos sean más eficientes y reducir las bajas humanas, también podría desatar dinámicas incontrolables que amenacen la estabilidad global. Es esencial que las naciones y organizaciones internacionales desarrollen regulaciones claras para el uso de la IA en contextos militares. Esto incluye la supervisión humana obligatoria en sistemas de armas autónomas, la prohibición de ciertos tipos de tecnologías destructivas y la promoción de acuerdos internacionales que limiten su uso indebido.

La IA aplicada a la guerra tiene un potencial inmenso, tanto para bien como para mal. El desafío reside en cómo se implementará, regulando su uso de manera que maximice los beneficios mientras se mitigan los riesgos éticos, sociales y políticos que conlleva. Aquí no tengo ninguna confianza en nuestras naciones. Absolutamente ninguna, como siempre se usará, en su mayoría en este caso, con fines destructivos.

Los problemas y desventajas de la IA

La dependencia tecnológica es un fenómeno que ha acompañado al ser humano desde que comenzaron a surgir los primeros avances científicos. A medida que desarrollamos herramientas que nos facilitan la vida, también tendemos a perder algunas habilidades que antes eran fundamentales para nuestra supervivencia. Por ejemplo, la invención del lenguaje escrito nos permitió preservar información y transmitir conocimientos a lo largo del tiempo, pero también hizo que nuestra capacidad de recordar grandes cantidades de información de manera oral disminuyera. Este patrón se ha repetido con la calculadora, que ha reducido nuestra capacidad para realizar cálculos mentales complejos, o con el GPS, que ha hecho que muchas personas pierdan la capacidad de orientarse sin ayuda externa. ¿Qué le vamos a hacer? ¡Somos humanos!

La Inteligencia Artificial lleva esta dinámica a un nivel completamente nuevo. Aquí no hablamos de adicción al smartphone. Ya no se trata solo de herramientas que complementan nuestras habilidades, sino de sistemas que pueden pensar, decidir y resolver problemas de manera autónoma, y de que lo hagan por ti. Los jóvenes en la escuela, el instituto o la universidad ya no escriben sus trabajos como lo hacíamos nosotros con la máquina de escribir durante semanas, machacándonos para comprenderlo y sacar la mejor nota, ahora se lo escribe ChatGPT en menos de un minuto; y ni siquiera se molestan en comprenderlo antes de entregárselo al profesor. Esto plantea un riesgo significativo: si los seres humanos comienzan a delegar cada vez más tareas cognitivas a la IA, corremos el peligro de atrofiar nuestras propias capacidades mentales. Esto, ni es una pregunta, ni es conceptual. La creatividad, el pensamiento crítico y la capacidad de resolver problemas son cualidades que nos han distinguido como especie y que nos han permitido adaptarnos a un mundo cambiante. Pero ¿qué sucederá si dejamos de practicar estas habilidades porque las máquinas pueden hacerlo por nosotros? Porque nosotros así lo decidimos.

Inteligencia no es cuanto puedes recordar, sino lo que puedes hacer con aquello que sabes.

Imaginemos un mundo en el que, ante cualquier problema, la primera respuesta sea acudir a un sistema de IA para que lo resuelva. ¿Qué impacto tendría esto en nuestra capacidad para innovar? Calcúlame esto, hazme una foto de gente en la oficina con un cartel que diga "oficina", escríbeme un código para un pop-up de una página web, escribe un texto para un post en LinkedIn sobre un artículo de IA que te lo puedes inventar si quieres, escribe una poesía, pinta una obra de arte. Y así sucesivamente. La creatividad humana ha sido el motor detrás de los grandes avances de la civilización, desde las primeras herramientas hasta la exploración espacial. *Leonardo da Vinci, Nikola Tesla, Thomas Edison, Alexander Graham Bell, James Watt, Johannes Gutenberg, Galileo Galilei, Benjamin Franklin, Isaac Newton, George Washington, Henry Ford, Tim Berners-Lee, Marie Curie, Steve Jobs, Alessandro Volta, Orville y Wilbur Wright, Samuel Morse, Guglielmo Marconi* y *Alan Turing*. ¿Te suenan estos nombres? ¡¿No?! ¡Pues debería! Si dejamos de ejercitar nuestra capacidad para imaginar soluciones originales, podríamos entrar en un estado de estancamiento creativo. La humanidad podría convertirse en una especie que depende completamente de las máquinas para resolver sus problemas, perdiendo así una de sus características más esenciales: la capacidad de adaptarse y evolucionar.

La dependencia excesiva también podría afectar nuestra autonomía como individuos. ¿Qué sucede si comenzamos a confiar ciegamente en las decisiones que toma la IA sin cuestionarlas? Este riesgo ya se observa en casos donde los sistemas de recomendación de contenido o los algoritmos de redes sociales influyen en lo que vemos, leemos y pensamos, moldeando nuestras opiniones y preferencias; y en la mayoría de los casos las recomendaciones no tienen nada que ver con tus gustos reales. La capacidad de tomar decisiones conscientes y críticas podría verse socavada si nos acostumbramos a aceptar las respuestas de la IA como verdades absolutas.

El algoritmo de YouTube es como un político que intenta convencerte de que tu posición es falsa y que debes de unirte al lado oscuro. Al final terminas con el carrusel lleno de "vídeos divertidos de animales". ¡Eh! ¡¿Perdona?! Pero si ni siquiera tengo mascota. Parece que YouTube tiene algún tipo de interés en que veas vídeos de temas que no te interesan nada y con los que no tienes relación ninguna. Y además te muestra los mismos vídeos que ya has visto una y otra vez, para que veas de una vez los que te está recomendando. Vamos, básicamente para que veas lo que el quiere que veas.

El impacto de la dependencia de la IA no solo afecta a las generaciones actuales, sino que también tiene implicaciones a largo plazo en la evolución del ser humano. El cerebro humano es un órgano altamente adaptable que se desarrolla a través del aprendizaje y la resolución de problemas. Las experiencias cognitivas fortalecen nuestras conexiones neuronales, permitiéndonos desarrollar habilidades como la memoria, el razonamiento lógico y la creatividad. Pero ¿qué sucede si las futuras generaciones crecen en un entorno donde no se les exige pensar o resolver problemas por sí mismos porque las máquinas lo hacen por ellos? Ya hemos hablado de la dependencia, ahora digo "exigirse" en el contexto de "desafiarse a sí mismo".

La historia de la evolución humana está marcada por desafíos que nos han obligado a adaptarnos y evolucionar. Desde la supervivencia en entornos hostiles hasta la resolución de problemas complejos, nuestra inteligencia ha sido moldeada a lo largo de nuestra historia por la necesidad de encontrar soluciones para situaciones difíciles. Si eliminamos esos desafíos del entorno humano, podríamos estar alterando el curso de nuestra propia evolución.

Esto plantea la siguiente pregunta: ¿qué significa ser humano en un mundo donde las máquinas son más inteligentes que nosotros? ¿Seguirá siendo relevante la capacidad de pensar y crear, o nos convertiremos en una especie que simplemente existe para consumir lo que las máquinas producen? Si dejamos de enfrentar desafíos intelectuales, ¿qué quedará de nuestra identidad como seres pensantes?

Un riesgo significativo es la dependencia cognitiva. A medida que las herramientas de IA se vuelven más accesibles y precisas, los humanos vamos a delegar tareas cognitivas complejas a estas máquinas. Esto incluye cálculos, toma de decisiones, resolución de problemas e incluso nuestra propia creatividad. Aunque esto puede aumentar nuestra eficiencia, empresarialmente hablando, también puede llevar a una atrofia cognitiva, similar al desuso de un músculo que no se ejercita. Si dependemos demasiado de la IA para realizar tareas intelectuales, nuestro cerebro podría perder plasticidad y capacidad para desarrollar habilidades críticas como el pensamiento analítico, la memoria y la resolución autónoma de problemas.

Otro aspecto importante es el impacto en la evolución de nuestras capacidades sociales y emocionales. Las interacciones humanas están siendo reemplazadas gradualmente por interacciones mediadas por algoritmos, como asistentes virtuales, chatbots y redes sociales controladas por IA. Esto puede reducir nuestra capacidad para interpretar emociones, empatizar y establecer conexiones profundas con otras personas, lo que podría afectar la cohesión social. En el largo plazo, esta dependencia de la IA para satisfacer nuestras necesidades emocionales podría influir en la forma en que nuestras capacidades sociales evolucionan, debilitando habilidades esenciales para la supervivencia en entornos colaborativos; y digo esenciales.

En el plano evolutivo, la IA también podría modificar las presiones selectivas a las que está sometido el ser humano. En el pasado, nuestras habilidades cognitivas y sociales se desarrollaron como respuestas adaptativas a los desafíos del entorno. Sin embargo, si la IA comienza a resolver esos desafíos por nosotros, podríamos ver una disminución de las presiones selectivas sobre la inteligencia y la adaptabilidad humana. Esto podría resultar en una especie que, aunque rodeada de tecnología avanzada, pierde parte de su capacidad innata para innovar o adaptarse a cambios imprevistos; básicamente sería la IA quien hace que esta especia sobreviva.

Otro factor preocupante es la modificación de patrones neuronales. Estudios han demostrado que la exposición constante a tecnologías digitales puede reconfigurar la forma en que procesamos la información. Con la IA diseñando contenidos altamente personalizados y optimizados para captar nuestra atención, corremos el riesgo de alterar permanentemente la forma en que el cerebro maneja la información. Esto incluye una reducción de la capacidad de atención sostenida, una mayor predisposición a la gratificación instantánea y una posible dependencia de estímulos externos para mantener la motivación.

Además, la IA podría influir en la forma en que definimos nuestra identidad como especie inteligente. La idea de competir con sistemas que superan nuestras capacidades en áreas específicas puede generar un sentimiento de inferioridad o inutilidad en ciertos individuos; y ya lo hay entre nosotros mismos. Este cambio en la percepción de nosotros mismos en comparación con la IA podría tener consecuencias psicológicas profundas, incluida una disminución de la autoconfianza y un aumento de trastornos como la ansiedad y la depresión. Aunque no es algo nuevo para nosotros, de igual manera no hemos conseguido corregir esto en nuestra sociedad ni concienciarnos de forma unida; imagínate ahora, si ahora está la IA de por medio.

Está la posibilidad de que la asimetría en el acceso a la IA genere una división evolutiva dentro de la humanidad. Aquellos con acceso a herramientas avanzadas podrían experimentar un desarrollo cognitivo y social diferente al de quienes no las tengan, creando una nueva brecha que podría extenderse a nivel biológico y cultural.

Enfrentamos un momento crítico en nuestra historia evolutiva. Aunque la IA ofrece oportunidades inigualables, es esencial considerar cómo mitigar estos riesgos para garantizar que nuestra evolución como especie inteligente no sea comprometida por nuestra propia creación. Esto requiere un enfoque equilibrado que promueva el uso consciente de la tecnología y fomente el desarrollo continuo de nuestras capacidades humanas innatas. Debemos tener mucho más cuidado del que la mayoría se puede tan siquiera imaginar.

El impacto de la IA en el mercado laboral es uno de los temas más discutidos y controvertidos. La automatización impulsada por la IA ya está reemplazando trabajos en sectores como la manufactura, el transporte y los servicios. Los trabajadores están siendo despedidos incluso por miles en grandes empresas. Esto plantea un dilema ético y económico: ¿cómo aseguramos que las personas que pierden sus empleos debido a la automatización puedan encontrar nuevas oportunidades? Aquí creo que deberíamos trabajar para desarrollar la IA para que trabaje por el ser humano, en lugar de remplazarlo, y así cada uno podría dedicarse a sus hobbies; y no perder el tiempo generando imágenes y vídeos que no llevan a ninguna parte. Pero ¿cómo afectaría esto al sistema económico esclavista que hemos creado? Este tema mejor no se lo pongas en la mesa a los empresarios y políticos.

La historia nos muestra que los avances tecnológicos siempre han tenido un impacto en el empleo. La revolución industrial reemplazó muchos trabajos manuales, pero también creó nuevas industrias y oportunidades. Sin embargo, la transición no siempre ha sido fácil ni equitativa. Las personas que no tienen acceso a la educación o a la formación adecuada corren el riesgo de quedarse atrás en un mundo donde las habilidades digitales son cada vez más necesarias.

En un mundo donde la IA desempeña un papel cada vez más importante, es fundamental asegurarse de que la transición hacia una economía automatizada se gestione de manera justa. Esto incluye garantizar que todas las personas tengan acceso a la formación y educación necesarias para adaptarse a los cambios. También es importante que los beneficios económicos de la automatización se distribuyan de manera equitativa, evitando que unas pocas empresas tecnológicas se enriquezcan mientras millones de personas pierden sus empleos y caen en la pobreza.

En los años 2023 y 2024, varias empresas han llevado a cabo despidos masivos, en parte debido a la implementación de Inteligencia Artificial en sus operaciones.

Dukaan: Esta empresa india despidió al 90% de su personal de atención al cliente en 2023, reemplazándolos con chatbots impulsados por IA. Este cambio mejoró significativamente la eficiencia, reduciendo el tiempo de respuesta y resolución de problemas.*

Microsoft: En junio de 2024, Microsoft despidió a aproximadamente 1.000 empleados, citando un enfoque estratégico hacia la Inteligencia Artificial. Los recortes afectaron a diversas divisiones, incluyendo ventas al consumidor y soporte web.*

TikTok: En octubre de 2024, TikTok despidió a cientos de empleados en todo el mundo, principalmente en su personal de moderación de contenido, como parte de su estrategia para aumentar el uso de herramientas de IA en estos procesos.*

IBM: En 2023, IBM anunció planes para reducir su plantilla en puestos administrativos, estimando que alrededor de 7.800 empleos podrían ser reemplazados por IA y automatización en un período de cinco años.*

Meta (antes Facebook): En 2024, Meta llevó a cabo despidos significativos, con el objetivo de reasignar recursos hacia el desarrollo de productos y servicios basados en IA.*

Google: A lo largo de 2024, Google realizó recortes de personal en diversas áreas, alineando su estructura organizativa con una mayor inversión en Inteligencia Artificial.*

Dropbox: En abril de 2023, Dropbox despidió a 500 empleados, indicando que la empresa necesitaba una combinación diferente de habilidades, especialmente en IA y desarrollo de productos en etapas tempranas.*

OFF Radio: Esta emisora de radio en Cracovia, Polonia, despidió a todos sus periodistas en 2024, reemplazándolos por avatares generados por IA. Sin embargo, el experimento enfrentó críticas y finalmente la emisora optó por una programación mayormente musical.*

Klarna: En 2022, Klarna despidió al 10% de su fuerza laboral, aproximadamente 700 empleados, sustituyéndolos con soluciones de IA para mejorar la eficiencia en áreas como la atención al cliente. Posteriormente, la compañía continuó disminuyendo su personal, pasando de alrededor de 5.000 empleados a 3.800 en 2024, y planea reducir aún más su plantilla a aproximadamente 2.000 empleados en los próximos años, aprovechando las capacidades de la IA para optimizar sus procesos internos. Esta estrategia ha permitido a Klarna aumentar sus ingresos por empleado y mejorar sus márgenes de beneficio, preparándose para una posible salida a bolsa en el futuro cercano.*

A ver, yo soy empresario, pero ¿es aquí donde queremos llegar?
De nuevo, la IA debería trabajar para nosotros, no sustituirnos.

Uno de los problemas más preocupantes en el uso generalizado de la Inteligencia Artificial, al menos esta es mi opinión como experto, es la falta de comprensión de cómo funcionan los sistemas complejos de IA por parte de la mayoría de los usuarios. Esta brecha de conocimiento se ha amplificado recientemente con el auge de la IA generativa y el enorme hype que la rodea. Herramientas como los generadores de texto, imágenes, música y vídeos han captado la atención del público general, haciendo que millones de personas interactúen con sistemas avanzados de IA sin entender realmente cómo funcionan, qué limitaciones tienen o cuáles son sus posibles riesgos. Cualquiera puede descargarse un modelo deepfake o un LoRA de Flux de código abierto y sin los controles adecuados puede usarlo de manera irresponsable, sin saber cómo funciona realmente y cuáles son sus consecuencias.

La mayoría de los sistemas de IA funcionan como "cajas negras", lo que significa que los usuarios no saben cómo llegan a sus conclusiones. El término "caja negra" se utiliza para describir los sistemas de IA cuyo funcionamiento interno es opaco o incomprensible para los usuarios; incluso los propios desarrolladores y los expertos más importantes dentro del mundo de la IA usan este término y aseguran de que realmente así es, "*nadie sabe cómo toman sus decisiones realmente*". Esto significa que, aunque un sistema pueda ofrecer respuestas o generar contenido que parece coherente y útil, los usuarios no saben exactamente cómo se han tomado esas decisiones o qué factores han influido en el resultado. Esta falta de transparencia plantea serios problemas en términos de confianza, responsabilidad y ética. Además, piensa que incluso los modelos actuales mienten. Esto está demostrado por los propios desarrolladores. Al menos en este aspecto nos son sinceros.

Con el auge de herramientas como ChatGPT, MidJourney, DALL-E y otros modelos de IA generativa, muchas personas han empezado a utilizar la IA como un medio para generar contenido de manera rápida y sencilla; en su mayoría basura, tengo que decir. Sin embargo, para la mayoría de los usuarios, estas herramientas son poco más que un "truco mágico". La mayoría de las personas ven la IA como algo casi místico: una máquina que genera respuestas, imágenes o música de la nada, sin cuestionarse cómo ha llegado a esos resultados. Este uso superficial de la IA refleja una falta de conciencia sobre los procesos internos de los algoritmos y las implicaciones éticas que pueden tener, así como una falta total de preocupación por parte de la gran mayoría de la sociedad.

Por ejemplo, muchas personas utilizan generadores de imágenes para crear retratos realistas, paisajes o arte digital. Sin embargo, pocos se detienen a pensar en cómo el modelo ha sido entrenado, qué datos ha utilizado para aprender o qué sesgos pueden estar presentes en los resultados. Esto es un reflejo claro de nuestra sociedad, "*no me importa que pasa dentro de mi IPhone, lo quiero y punto*"; o "*no me importa que sucede con mis datos y privacidad cuando instalo una APP en mi teléfono, quiero jugar y me da igual*". ¿Para qué me voy a preocupar?, ¡¿no?!

¿Qué ocurre si el generador perpetúa estereotipos de género o raza? ¿Qué pasa si las imágenes generadas están basadas en obras protegidas por derechos de autor sin el consentimiento de los artistas? Estas preguntas rara vez se plantean porque los usuarios están más enfocados en los resultados que en los procesos que los generan; por suerte siempre hay un grupo de personas que se preocupan y luchan por sacar estos temas a la luz. Y aunque muchas veces luchan solos, es por estos pequeños grupos que todos gozamos de derechos. Por cierto, un saludo a todos los que luchan por nuestros derechos ¡Gracias!

Lo mismo ocurre con los modelos de lenguaje. Muchas personas utilizan herramientas como ChatGPT para responder preguntas, redactar correos electrónicos o incluso escribir ensayos académicos. Sin embargo, la mayoría de los usuarios no comprende que estas respuestas no son fruto de un pensamiento consciente ni de un conocimiento verdadero, sino de un modelo estadístico que predice qué palabra es más probable que siga a la anterior. Además, nadie, por decirlo así, piensa lo que sucede con la información que proporcionas en cada prompt cuando interactúas con un sistema de IA. ¿O es que crees de verdad que esos datos no van a ser utilizados para futuros entrenamientos? Léete las normas de uso antes de usar cualquier aplicación. Esta falta de comprensión lleva a muchos a confiar ciegamente en las respuestas generadas por la IA, asumiendo que son correctas, imparciales y verificadas, cuando en realidad pueden contener errores, sesgos o incluso desinformación. Pero claro, es lo que siempre digo, si tú no tienes ni idea de historia, o matemáticas, o cualquier otro tema, y ChatGPT te hace el trabajo ¿cómo sabes que está bien y que todo está correcto? Si tú por ti mismo no estás preparado ni para corregirlo.

Uno de los mayores problemas derivados de esta falta de comprensión es la ilusión de que las respuestas y decisiones de la IA son objetivas. Muchas personas creen que, por ser generada por una máquina, la información proporcionada por la IA es imparcial y libre de prejuicios humanos. Aquí pasa lo mismo que en el punto anterior. Sin embargo, esto es un error tremendo; todo lo contrario. Los sistemas de IA aprenden de los datos con los que son entrenados, y esos datos siempre, y digo siempre, contienen los mismos prejuicios y errores que existen en la sociedad humana. Aquí hay que entrar en tecnicismos y aclaraciones sobre los datos, su almacenamiento y cómo se tratan los datos antes de ser usados. Si quieres aprender más sobre esto te recomiendo mi libro “IA-Manager”. Pero bueno, como digo ¡siempre! ¡No hay banco de datos que esté libre de tener errores y sesgos! Por eso es muy importante depurarlos antes de usarlos.

Por ejemplo, un generador de texto entrenado en noticias y literatura disponibles en internet puede perpetuar estereotipos de género, raza o religión, simplemente porque esos sesgos están presentes en los datos que ha analizado. Si los usuarios no comprenden esto, es probable que acepten las respuestas de la IA sin cuestionarlas, perpetuando así desigualdades y discriminación en lugar de combatirlas.

Otro ejemplo, imagina que alguien miente en su solicitud de crédito hipotecario, inflando sus ingresos o proporcionando información falsa para obtener un préstamo que, de otro modo, no le concederían. Ahora, piensa en cuántas personas podrían hacer lo mismo, aprendiendo esta práctica de familiares, vecinos o incluso a través de redes sociales. Si una IA utilizada por un banco es entrenada con datos que incluyen este tipo de comportamientos fraudulentos sin detectarlos como anomalías, podría terminar promoviendo patrones de riesgo financiero sin que los responsables del sistema sean conscientes de ello. ¿Quién es el experto en finanzas? ¿El programador, el desarrollador o el usuario? ¡¿Tal vez nadie?!

Este tipo de errores podría derivar en una crisis financiera de gran magnitud, similar a las que ya hemos vivido en el pasado. Por ejemplo, la Gran Depresión de 1929 fue provocada por prácticas especulativas y la falta de regulación en los mercados financieros, lo que llevó al colapso de bancos y a una recesión global. En 1973, la Crisis del Petróleo impactó las economías mundiales debido a un embargo por parte de los países de la OPEP, lo que generó inflación y recesión en muchas naciones desarrolladas. La Crisis Financiera Asiática de 1997 se produjo por el colapso de las monedas de varios países asiáticos, lo que causó una fuga masiva de capitales y un pánico financiero internacional. Más recientemente, en 2008, la Crisis Financiera Global fue desencadenada por la concesión masiva de hipotecas subprime en Estados Unidos y la posterior caída de Lehman Brothers, lo que provocó un colapso en los mercados mundiales. ¡Mundiales!

Incluso en 2020, la pandemia de COVID-19 trajo consigo una recesión global que mostró la vulnerabilidad de los sistemas financieros ante eventos inesperados. En cada uno de estos casos, el factor humano fue un detonante clave, ya fuera por errores en la gestión del riesgo, decisiones especulativas o falta de control y regulación. Ahora, imagina el impacto de un error sistemático introducido por una IA mal entrenada.

Por ejemplo, si una IA encargada de evaluar solicitudes de crédito detecta que muchos solicitantes inflan sus ingresos y aun así terminan pagando sus préstamos a corto plazo, podría considerar que este comportamiento no es un riesgo. Sin embargo, esta conclusión sería un error crítico. Si el sistema recomienda conceder más créditos basándose en datos sesgados, sin considerar factores macroeconómicos o riesgos a largo plazo, podría desencadenar una burbuja financiera que estalle en forma de una nueva crisis.

La lección que se desprende de estas crisis es que los errores sistémicos no deben ser subestimados. Si los bancos y otras instituciones financieras utilizan sistemas de IA sin supervisión adecuada, corren el riesgo de replicar patrones de comportamiento problemáticos a gran escala. La falta de comprensión de cómo estos sistemas toman decisiones, junto con una confianza ciega en sus recomendaciones, podría amplificar los riesgos en lugar de mitigarlos, llevando a nuevas crisis económicas que afecten tanto a nivel nacional como global.

La falta de comprensión también puede llevar a situaciones peligrosas en sectores críticos como la medicina o la justicia, no solo en las finanzas. Si un médico confía en un sistema de IA para diagnosticar una enfermedad sin entender cómo el sistema llegó a esa conclusión, podría cometer errores graves. Del mismo modo, si un juez utiliza un sistema de IA para determinar la probabilidad de reincidencia de un acusado sin comprender los sesgos presentes en el modelo, podría tomar decisiones injustas basadas en datos sesgados. El problema no está en la IA en sí, si no en el usuario. ¡Debemos aprender!

El hype que rodea a la IA generativa también contribuye a la falta de comprensión. Muchas empresas tecnológicas y medios de comunicación han promovido la idea de que la IA es la próxima gran revolución, capaz de transformar todos los aspectos de nuestra vida. ¡Bueno, sí; es lo mismo que te estoy repitiendo yo todo el tiempo! ¡De igual forma yo te estoy dando una de cal y una de arena! Si bien esto es cierto en parte, también ha llevado a una adopción masiva de la IA sin la reflexión crítica necesaria. Yo te doy aquí una reflexión crítica, objetiva y sincera.
Hoy en día, millones de personas utilizan la IA generativa para crear contenido de entretenimiento, marketing o incluso arte, pero pocas comprenden que, y como tú ya has aprendido con este libro, detrás de esas herramientas hay modelos matemáticos complejos, datos masivos y una serie de decisiones humanas que han influido en cómo funcionan esos modelos. Esta fascinación por los resultados, combinada con una falta de educación sobre los procesos internos, está llevando a un uso irresponsable de la IA. Lo que tenemos que remediar e impedir cuanto antes a toda costa.

Un ejemplo que ya hemos mencionado antes es el uso de deepfakes en el contexto de —vídeos generados por IA que imitan a personas reales—, el cual ha crecido exponencialmente. Muchas personas utilizan esta tecnología para crear contenido divertido o para suplantar a celebridades en vídeos humorísticos. Sin embargo, pocos se detienen a pensar en las implicaciones éticas de esta tecnología. ¿Qué ocurre si alguien utiliza un deepfake para difundir información falsa, manipular a la opinión pública o acosar a una persona? Estos vídeos son incluso para los profesionales cada vez más reales y difíciles de detectar a simple vista. Yo mismo he tomado parte en pruebas donde se reta al experto a analizar imágenes o vídeos con el fin de detectar aquellos que fueron generados por IA, y aunque a día de hoy aún no se me resisten, he de decir que cada vez es más difícil, y estoy seguro de que muy pronto nadie podrá diferenciar entre real y generado por IA. La falta de comprensión sobre cómo funcionan estas tecnologías y sus posibles consecuencias éticas está llevando a un mal uso generalizado.

Uno de los factores más preocupantes en torno al desarrollo y uso de la Inteligencia Artificial es la falta de regulación y educación sobre estas tecnologías. Aunque la IA ha experimentado un crecimiento exponencial en los últimos años, las leyes y normativas que rigen su uso aún están rezagadas en muchos países, lo que genera un vacío legal que puede dar lugar a abusos, decisiones injustas y riesgos sociales y económicos. A esto se suma que la mayoría de la población, incluidos los responsables de implementar sistemas de IA en empresas y gobiernos, carece de formación adecuada sobre cómo funcionan los algoritmos de IA, cómo se entrenan los modelos o qué sesgos pueden estar presentes en los resultados. Simplemente se produce un producto, y ¡ala! ¡a monetizar! Por otro lado, recordemos que la IA hasta ahora era solo ciencia-ficción; aunque bueno, con el hype han salido "expertos", como siempre con todo, hasta debajo de las piedras; no debería ser un problema que todo valla bien, si en fin, ahora cualquiera te optimiza el SEO y hasta el marketing de la empresa.

La falta de comprensión y regulación sobre la IA no solo afecta a los usuarios individuales, sino también a las empresas que implementan estas tecnologías para automatizar procesos y mejorar la eficiencia. En muchos casos, las empresas adoptan soluciones basadas en IA sin cuestionar cómo toman decisiones esos sistemas, lo que puede llevar a perpetuar desigualdades sociales o tomar decisiones injustas, simplemente porque los responsables no entienden los riesgos asociados a los modelos que están utilizando. Esta situación es especialmente preocupante en sectores críticos, no solo como la salud, la justicia, la banca, sino también y sobre todo, en el empleo, donde las decisiones basadas en IA pueden tener un impacto realmente significativo en la vida de las personas, y me refiero significativo porque aquí es donde de verdad nos duele.

Ante la creciente preocupación por los riesgos asociados con la IA, tanto la Unión Europea como Estados Unidos, entre otros países, han comenzado a desarrollar marcos regulatorios para abordar los desafíos que plantea esta tecnología. Aunque estas regulaciones aún están en proceso de implementación, representan un paso importante hacia la creación de un entorno más seguro y transparente para el uso de la IA. Lo que pasa aquí es que los procesos en países como España o Alemania entre otros, es muy lento; de verdad, muy lento.

La Unión Europea ha tomado la delantera en la regulación de la IA con la propuesta de la Ley de Inteligencia Artificial (AI Act). Este marco legal es uno de los primeros intentos globales de establecer reglas claras sobre el desarrollo, la implementación y el uso de sistemas de IA.

Resumidamente dicho la AI Act clasifica los sistemas de IA en cuatro niveles de riesgo:

1. **Riesgo inaceptable:** Incluye tecnologías que se consideran peligrosas y que estarán prohibidas, como los sistemas de puntuación social utilizados por gobiernos para controlar a sus ciudadanos o los sistemas de manipulación cognitiva que afectan el libre albedrío.
2. **Riesgo alto:** Abarca sistemas de IA utilizados en sectores críticos como la justicia, la salud, la educación, el empleo y la seguridad pública. Estos sistemas estarán sujetos a estrictos requisitos de transparencia, auditoría y supervisión para garantizar que no perpetúen discriminación o errores graves.
3. **Riesgo limitado:** Incluye sistemas que no presentan un riesgo significativo pero que aún requieren ciertos niveles de transparencia, como los chatbots.
4. **Riesgo mínimo:** Se refiere a la mayoría de las aplicaciones de IA que no requieren regulación estricta, como los filtros de spam o los sistemas de recomendación en plataformas digitales.

La AI Act también establece requisitos de transparencia para los proveedores de IA, obligándolos a informar a los usuarios cuando están interactuando con un sistema automatizado y a explicar cómo funciona ese sistema.

Además, se busca garantizar que los sistemas de IA sean auditables y supervisados por autoridades reguladoras para prevenir abusos y garantizar el cumplimiento de los derechos fundamentales. Vamos, que por esto no hay en Europa grandes compañías en el mundo de la IA. Y bueno, que sí, que hay compañías, pero he dicho grandes compañías.

Estados Unidos, aunque históricamente más lento en la adopción de regulaciones específicas, había comenzado a establecer principios fundamentales bajo la administración de Joe Biden. En 2022, la Casa Blanca presentó la Declaración de Derechos de la IA (AI Bill of Rights), un conjunto de principios diseñados para proteger a los ciudadanos de los riesgos asociados con la Inteligencia Artificial. Aunque no vinculante, esta declaración establecía cinco derechos clave:

1. **Derecho a sistemas seguros y efectivos:** Los sistemas de IA debían ser auditados y probados para garantizar que no representaran riesgos significativos para la seguridad o el bienestar de las personas.
2. **Protección contra discriminación algorítmica:** Los algoritmos debían ser diseñados para evitar sesgos y no discriminar por motivos como raza, género, edad u orientación sexual.
3. **Privacidad de los datos:** Los ciudadanos tenían derecho a que sus datos personales fueran utilizados de manera segura y transparente.
4. **Transparencia:** Se estableció el derecho a saber cuándo se interactuaba con un sistema de IA y a recibir explicaciones claras sobre su funcionamiento y decisiones.
5. **Opciones y control:** Los ciudadanos debían tener la posibilidad de optar por no interactuar con sistemas automatizados y de solicitar la intervención humana cuando fuera necesario.

Durante esta etapa, agencias como la Comisión Federal de Comercio (FTC) comenzaron a supervisar más activamente el uso de la IA, sancionando prácticas irresponsables y promoviendo la protección de la privacidad y los derechos de los usuarios.

Sin embargo, con la llegada de Donald Trump a la presidencia, en el mes de enero de 2025, este enfoque ha cambiado drásticamente. El mismo día de la publicación de este libro, la administración de Trump ha revocado la Declaración de Derechos de la IA, priorizando un enfoque más orientado a la innovación y la competitividad. Este cambio marca un giro hacia una regulación menos restrictiva, bajo la premisa de evitar barreras que puedan ralentizar el desarrollo tecnológico.

La administración Trump ha anunciado grandes inversiones privadas en infraestructura de IA, destacando el proyecto "Stargate", una colaboración con empresas como OpenAI, Oracle y SoftBank para construir centros de datos avanzados en todo el país. Estas medidas buscan consolidar a Estados Unidos como líder en el desarrollo de la IA, aunque han generado preocupación por la falta de supervisión y las posibles implicaciones éticas.

Mientras tanto, algunos estados como California y Nueva York han comenzado a desarrollar sus propias regulaciones locales para abordar cuestiones como la seguridad, la privacidad y la discriminación algorítmica, creando un panorama regulatorio fragmentado.

Estos cambios reflejan la lucha constante entre innovación y regulación en el ámbito de la inteligencia artificial. Ahora, más que nunca, las decisiones tomadas hoy tendrán un impacto directo en el desarrollo y el uso responsable de esta tecnología, dejando a los ciudadanos y legisladores la responsabilidad de equilibrar progreso y ética.

Si bien las regulaciones son un paso importante, la falta de educación sobre la IA sigue siendo un desafío pendiente. La mayoría de las personas no comprende cómo funcionan los algoritmos de IA ni cómo se toman las decisiones automatizadas. Esta brecha de conocimiento genera, como ya has comprobado, y da absolutamente igual por donde agarres o mires el problema, desconfianza hacia la tecnología y dificulta que los usuarios puedan tomar decisiones informadas sobre su uso.

La falta de educación sólida y estructurada en Inteligencia Artificial es un problema crítico que afecta a todos los niveles educativos, desde las escuelas primarias hasta las universidades, pasando por la formación profesional que ofrecen academias y programas de certificación. En los colegios, apenas se empieza a tocar el tema de la IA, y cuando se menciona, suele limitarse a conceptos básicos y poco profundos, dejando a los estudiantes sin herramientas para entender el impacto de esta tecnología en sus vidas y su futuro. En el nivel universitario, aunque algunos programas han comenzado a integrar la IA en sus currículos, la mayoría carecen de una estructura interdisciplinaria que abarque no solo los aspectos técnicos, sino también los éticos, sociales y económicos de la IA. Que conste que aquí me refiero a programas educativos en general. Si quieres hacer un Master en IA te recomiendo el Master de Manager de IA de la Universidad Europea de Madrid. ¡Déjate de Masters en academias online! ¡Que te están sacando los cuartos!

Este problema se agrava muy seriamente en la formación profesional y en los cursos rápidos de certificación ofrecidos por academias que ven en la alta demanda de conocimientos de IA una oportunidad de negocio más que una responsabilidad educativa. Algo vergonzoso y que desde mi punto de vista deja una vez más ver la cara más triste del ser humano. Estas instituciones venden títulos rimbombantes como "Manager de IA" o "Especialista en IA", y muchos otros que veo cada día, tras cursos que apenas duran semanas y que carecen de la profundidad necesaria para formar profesionales competentes. A ver, que yo estoy certificado como Manager de IA (*y me refiero como un verdadero Manager de IA*), y que también ofrezco cursos de IA, e incluso los diseño para otras academias, pero por eso mismo se lo que es, te venden un lingote de plata, pero en realidad te dan alfalfa. Sinceramente, da pena lo que está sucediendo en el ámbito de la educación en lo que a IA se refiere. Como te he dicho, yo diseño cursos de IA para otras academias y lo veo muy a menudo, además regularmente llevo a cabo un Benchmarking en el cual se comparan todos los cursos y sus contenidos que hay en el mercado, así como la certificación que ofrecen. Y ya te lo digo, si el Master de Manager de IA de la Universidad de Europea de Madrid dura, creo, unos 9 meses, y el Master de Inteligencia Artificial dura 12 meses, no me digas que una academia lo está ofreciendo en un mes, en dos semanas o en hasta en 5 días a tiempo parcial como lo he llegado a ver. Me da tanta pena esto como la gente que contrata los cursos, que además tienen un precio demasiado alto teniendo en cuenta lo que son en realidad. Bueno, como digo, esto no solo daña la credibilidad de quienes obtienen estas certificaciones, sino también el mercado laboral, al inundarlo con candidatos que no están realmente preparados para asumir las complejas responsabilidades que conlleva trabajar con IA. Empresas que contratan a estos "certificados" terminan desilusionadas, perdiendo tiempo, dinero y confianza en los verdaderos expertos.

La educación en IA no puede ser tratada como una moda que se consuma en talleres superficiales y crash-courses. Requiere una planificación rigurosa, formadores con experiencia real y programas que vayan más allá de lo técnico para formar profesionales éticos, estratégicos y capaces de liderar proyectos complejos. Este problema no solo desacredita al sector, sino que también pone en riesgo la evolución responsable y ética de la Inteligencia Artificial en la sociedad. ¡Esto es tremendo para el mercado laboral a corto plazo! Si no tomamos medidas para elevar los estándares educativos, estaremos perpetuando un sistema de engaño que perjudica a los individuos, a las empresas y al desarrollo global de la IA. ¡Que Dios nos coja confesados!

Para garantizar un uso responsable de la IA, es fundamental que las regulaciones vayan acompañadas de programas de educación y formación tanto para los usuarios como para los desarrolladores. Es necesario que las personas comprendan los riesgos y las limitaciones de la IA, y que los responsables de implementar estos sistemas sean conscientes de las implicaciones éticas y sociales de sus decisiones.

Las empresas deben ser transparentes sobre cómo funcionan sus sistemas de IA y estar dispuestas a someterse a auditorías independientes para garantizar que sus algoritmos sean justos y seguros. Los gobiernos, por su parte, deben trabajar para establecer marcos regulatorios claros que protejan a los ciudadanos y promuevan un desarrollo responsable de la IA.

Sin educación adecuada y sin regulaciones claras, la IA podría convertirse en una herramienta peligrosa que perpetúe desigualdades y viole derechos fundamentales. Bueno, cuando digo la IA, me refiero también a quién la usa, que la pistola no se dispara sola; y por algo se dice aquello de "*el arma la carga el diablo*". Por eso, es crucial que tanto la Unión Europea como Estados Unidos sigan avanzando en la creación de un entorno regulado que garantice que la IA se utilice de manera ética, transparente y en beneficio de toda la humanidad. Si trabajasen juntos sería perfecto, pero si no sabemos ni ponernos de acuerdo en temas básicos como el cambio climático, el hambre en el mundo, la desigualdad social o los derechos digitales, es difícil imaginar una colaboración efectiva en algo tan complejo como la regulación de la Inteligencia Artificial. La falta de acción conjunta no solo retrasará los avances necesarios, sino que también abrirá la puerta a un uso descontrolado de estas tecnologías, dejando a las grandes corporaciones y gobiernos con agendas opacas como los únicos árbitros del futuro. Esto no solo pondría en riesgo la privacidad y la equidad, sino que además consolidaría un escenario global donde los más vulnerables paguen las consecuencias de un desarrollo tecnológico mal gestionado. ¡Vamos, porque somos idiotas!

La falta de comprensión de los sistemas de IA también tiene consecuencias sociales más amplias. Cuando las personas confían ciegamente en la IA, pueden perder su capacidad para pensar de manera crítica y tomar decisiones informadas. Esto puede llevar a una sociedad en la que las personas delegan cada vez más responsabilidades en las máquinas, perdiendo su autonomía y capacidad de juicio.

Además, la falta de comprensión puede llevar a una polarización de la opinión pública sobre la IA. Algunas personas ven la IA como una amenaza que debe ser controlada, mientras que otras la ven como una solución mágica a todos los problemas, sobre todo el de engordar el bolsillo. ¿Cuál es tu opinión hasta ahora? En fin, esta polarización dificulta un debate racional y equilibrado sobre cómo debemos regular y utilizar la IA de manera responsable.

La falta de comprensión puede llevar a una pérdida de confianza en la tecnología. Si las personas no entienden cómo funcionan los sistemas de IA, es probable que desconfíen de ellos, y esto es a corto-medio plazo, lo que podría limitar su adopción y sus beneficios potenciales; de hecho, este tema siempre es tema de discusión en las charlas que ofrezco, donde prácticamente el 90 % de los participantes discute activamente sobre este aspecto. Por eso, es fundamental que los desarrolladores, las empresas y los gobiernos trabajen para aumentar la transparencia de los sistemas de IA y educar a los usuarios, y en general a la sociedad, sobre su funcionamiento y sus implicaciones éticas. ¡Y tú no debes olvidar tu parte! ¡Preocuparte! Sin una comprensión adecuada, el verdadero potencial de la IA podría quedar enterrado bajo una montaña de desinformación, miedos infundados y expectativas irreales; y perdón por la palabra, de mierda generada con IA. Créeme que si enfermas de cáncer te gustaría que tu médico reciba apoyo de sistemas de IA, o que el coche del típico adolescente irresponsable integre IA en su sistema de conducción, y así con millones de utilidades más de las que tú, tu familia y tus queridos podréis beneficiaros.

El impacto de la Inteligencia Artificial en la privacidad y los derechos humanos es uno de los temas más controvertidos y preocupantes en el desarrollo de estas tecnologías. La capacidad de los sistemas de IA para recopilar, analizar y procesar grandes volúmenes de datos personales ha generado una serie de desafíos éticos y legales que afectan tanto a la privacidad individual como a los derechos fundamentales de las personas, para los que ni la ley, ni la sociedad, ni los gobiernos estábamos preparados; y por supuesto a los desarrolladores les ha dado igual por el camino.

Uno de los usos más preocupantes de la IA es su aplicación en sistemas de vigilancia masiva. Los algoritmos de reconocimiento facial, combinados con cámaras de seguridad y bases de datos de imágenes, permiten a los gobiernos y empresas monitorear a las personas en tiempo real, identificarlas y rastrear sus movimientos sin su consentimiento. Ahora me estoy acordando de la serie *Person of interest* protagonizada por Michael Emerson y James Caviezel. Esto plantea serias amenazas a la privacidad, ya que los ciudadanos pierden el control sobre cómo, cuándo y por qué se recopilan sus datos.

Volviendo a la realidad, un ejemplo claro de esto es el uso del reconocimiento facial en China, donde el gobierno implementó un sistema de vigilancia masiva que permite identificar a los ciudadanos en espacios públicos y monitorear su comportamiento. Este sistema forma parte de un programa más amplio de puntuación social, en el que las acciones y comportamientos de las personas son evaluados y pueden tener consecuencias en su vida diaria, como restringir su acceso a servicios públicos o incluso afectar sus oportunidades laborales. Aunque este sistema se presenta como una forma de mantener el orden y la seguridad, plantea serias preocupaciones sobre el control social y la falta de libertades individuales, básicamente los derechos humanos.

La posibilidad de que estas prácticas se extiendan a otras partes del mundo no es descabellada. En muchos países occidentales, las fuerzas de seguridad ya están utilizando sistemas de reconocimiento facial para identificar sospechosos de delitos, lo que ha generado debates sobre la legalidad y la ética de estas prácticas. En Estados Unidos, el uso del reconocimiento facial por parte de la policía ha sido duramente criticado, ya que se ha demostrado que algunos algoritmos tienen un sesgo racial que aumenta la probabilidad de identificar erróneamente a personas de minorías étnicas como sospechosos; y esto es un hecho.

El problema principal radica en que estos sistemas de vigilancia masiva a menudo se implementan sin un debate público adecuado ni una supervisión independiente, lo que lleva a un entorno en el que las personas son monitoreadas sin ser conscientes de ello. Esto crea una sensación de pérdida de control sobre la propia privacidad y puede llevar a un cambio en el comportamiento de los ciudadanos, que comienzan a autocensurarse por temor a ser vigilados, limitando su libertad de expresión y sus derechos fundamentales.

Además de los gobiernos, las empresas privadas también están utilizando la IA para recopilar y analizar datos personales a gran escala. Plataformas como Google, Facebook, Amazon y TikTok recopilan información sobre los usuarios en función de sus búsquedas, interacciones, compras y preferencias. ¡¿Qué ya lo sabías?! ¡Pero espera, que no he terminado! Estos datos son utilizados para crear perfiles detallados de los usuarios y ofrecerles publicidad personalizada o recomendaciones de productos. Sabes, a veces tengo la sensación de que me repito mucho, pero de verdad te sorprendería lo que la gente todavía no sabe. ¡Tú también!

Aunque esta personalización puede parecer beneficiosa para los usuarios, también plantea preocupaciones éticas, lo que pasa que las ignoramos, y por decirlo claramente, la mayoría se lo pasa por los huevos; por eso las empresas dicen "*si funciona para que lo vamos a cambiar*". La recopilación masiva de datos personales sin un consentimiento claro y explícito puede violar el derecho a la privacidad de las personas; y de hecho lo está haciendo desde hace años. ¿Tú no has escuchado nunca decir a nadie "*creo que mi teléfono me escucha*"? Además, muchas veces los usuarios no son conscientes de la cantidad de datos que están compartiendo ni de cómo se están utilizando. Por ejemplo, las aplicaciones móviles recopilan información sobre la ubicación, contactos, historial de navegación y preferencias sin que los usuarios lo sepan, y estos datos pueden ser vendidos a terceros sin su conocimiento, ni consentimiento; y la mayoría de las aplicaciones ni siquiera necesitan estos datos para funcionar, solo que es un negocio y todos se aprovechan de ello. ¡Eres tú quien paga! ¡Por supuesto!

Esta recopilación de datos también puede ser utilizada para influir en las decisiones de las personas, lo que plantea cuestiones sobre la manipulación y la libertad individual. Un ejemplo preocupante es el escándalo de Cambridge Analytica, en el que una empresa de análisis de datos utilizó información personal de millones de usuarios de Facebook para influir en las elecciones presidenciales de Estados Unidos en 2016 y en el referéndum del Brexit en el Reino Unido. Esto demuestra cómo los datos personales pueden ser utilizados para manipular opiniones políticas y afectar procesos democráticos. Ahora pon a trabajar a una IA, lo dejo ahí.*

La manipulación de los usuarios a través de la recopilación de datos también se observa en los sistemas de recomendación de contenido, como bien ya sabes, como los utilizados por YouTube, Netflix o Spotify. Estos algoritmos no solo muestran contenido basado en las preferencias de los usuarios, sino que también pueden influir en sus gustos, opiniones y comportamientos. Por ejemplo, un usuario que ve vídeos relacionados con teorías conspirativas puede recibir recomendaciones que refuercen esas creencias, creando una burbuja de información que limita su exposición a otras perspectivas y fomenta la polarización.

Otro aspecto preocupante del impacto de la IA en la privacidad y los derechos humanos es el uso de sistemas de toma de decisiones automatizadas. Estos sistemas utilizan datos personales para tomar decisiones que afectan la vida de las personas, como ya hemos visto anteriormente, por ejemplo, la aprobación de préstamos, la selección de candidatos para un empleo o la evaluación de riesgos en el sector asegurador; pero vamos a profundizar más aún. ¡Cuidado, que tiene que ver, pero esto es otro aspecto!

El problema es que muchas veces estas decisiones se toman sin que las personas afectadas sean conscientes de ello y sin posibilidad de apelación. Por ejemplo, un sistema de IA utilizado por un banco podría rechazar una solicitud de préstamo basándose en el historial crediticio del solicitante y en patrones detectados por el algoritmo, sin explicar claramente por qué se tomó esa decisión. Esto puede llevar a situaciones injustas y discriminatorias, especialmente si los algoritmos utilizados tienen sesgos incorporados que perpetúan desigualdades existentes.

Ya que te he mencionado este ejemplo desde el principio intentaré explicártelo sin entrar en tecnicismos ni aburrirte.

Imagina que un banco implementa un sistema de IA para procesar automáticamente las solicitudes de préstamos. Cuando alguien aplica, el sistema revisa su historial crediticio, ingresos, gastos y otros datos, comparándolos con patrones previamente identificados en solicitudes aprobadas y rechazadas. Si el sistema detecta algún indicador de riesgo, como un ingreso bajo comparado con el promedio de quienes han incumplido pagos, puede rechazar la solicitud al instante.

El problema surge cuando el solicitante recibe simplemente un mensaje diciendo que su solicitud ha sido denegada, sin una explicación clara ni la oportunidad de discutir o apelar la decisión. ¿Te suena de algo esto si lo aplicas a la candidatura a un nuevo puesto de trabajo? Si además el sistema está entrenado con datos históricos sesgados, como patrones que penalizan a ciertos grupos demográficos, el resultado podría discriminar de forma sistemática a personas con perfiles similares, perpetuando desigualdades sin que el banco o el solicitante comprendan exactamente por qué ocurrió, e incluso sin que nadie se percate.

Además, la falta de transparencia en los sistemas de toma de decisiones automatizadas dificulta que las personas puedan defender sus derechos. Si no se sabe cómo funciona un algoritmo ni qué factores se han tenido en cuenta para tomar una decisión, es prácticamente imposible cuestionar su validez o apelar el resultado. ¿He mencionado ya el término "claridad"? Esto crea un entorno en el que las personas se sienten impotentes ante las decisiones de la IA y donde sus derechos pueden ser violados sin que se den cuenta. Sin que nadie se dé cuenta. ¡¿Whaaat?!

La pregunta fundamental que plantea el uso de la IA en la vigilancia, la recopilación de datos y la toma de decisiones automatizadas es: ¿hasta qué punto estamos dispuestos a ceder nuestra privacidad a cambio de los beneficios que ofrece la IA? La mayoría de las personas acepta términos y condiciones de servicios digitales sin leerlos, entregando sus datos personales a cambio de comodidad, personalización y acceso a servicios.
Sin embargo, es importante reflexionar sobre las implicaciones de esta cesión de privacidad. ¿Estamos dispuestos a ser monitoreados constantemente a cambio de mayor seguridad? ¿Aceptamos que nuestras decisiones sean influenciadas por algoritmos a cambio de recomendaciones personalizadas? ¿Qué ocurre cuando nuestros datos son utilizados para manipularnos o para tomar decisiones que afectan nuestra vida sin nuestro conocimiento? ¿Qué pasará cuando personalice a chatGPT con mi información personal y privada para que pueda ofrecerme una mejor y personalizada experiencia?

El equilibrio entre privacidad y tecnología es uno de los grandes dilemas éticos de nuestro tiempo. Ya lo empezamos a vivir con Google, Apple y los smartphones, solo que las generaciones actuales se han acostumbrado. Si bien la IA tiene el potencial de mejorar muchos aspectos de nuestra vida,

también tiene el poder de erosionar nuestra privacidad y socavar nuestros derechos fundamentales.
En este contexto, surge una inquietud inevitable: ¿qué sucede cuando los sistemas de IA ya no solo gestionan información, sino que comienzan a operar con un grado de autonomía tan elevado que los humanos pierden la capacidad de comprender, controlar o incluso predecir sus acciones? Esta preocupación nos lleva al concepto de los riesgos existenciales, donde el control y la dependencia de sistemas superinteligentes se convierten en el desafío definitivo para la humanidad.

El desarrollo de una Superinteligencia Artificial representa un punto de inflexión en la historia de la humanidad, una frontera que, una vez cruzada, nos llevaría hacia una nueva era de la existencia humana. Esta transición podría marcar el paso del *Homo sapiens* al *Homo digitalis*, un salto evolutivo no biológico que redefiniría nuestra relación con la inteligencia, la creación y, en última instancia, con el control sobre nuestro propio destino. Solo que, en este caso, el *Homo digitalis* se presenta como la raza superior, y es la IA, no nosotros.

El término *Homo digitalis* implica la coexistencia de dos formas de inteligencia: la biológica (*Homo sapiens*), que ha evolucionado durante millones de años a través de procesos naturales de selección, y la digital (*Homo digitalis*), que podría evolucionar de manera exponencial en cuestión de décadas, con las implicaciones que esto tendría para el *Homo sapiens*. Este salto, sin embargo, plantea una pregunta crucial: ¿seguirá siendo el ser humano la especie dominante, o cederemos el control de nuestro futuro a una entidad más inteligente y capaz que nosotros, el *Homo digitalis*?

A lo largo de la historia, los seres humanos han buscado crear herramientas y tecnologías que amplifiquen sus capacidades y mejoren su calidad de vida. Pero ¿a dónde nos lleva esto? Desde el descubrimiento del fuego y la invención de la rueda hasta la creación de las máquinas, cada avance tecnológico ha traído consigo beneficios y riesgos. Sin embargo y como ya hemos visto desde el principio del libro, la creación de una ASI es cualitativamente diferente de cualquier tecnología anterior, ya que no se trata simplemente de una herramienta, sino de un sistema capaz de pensar, aprender y tomar decisiones de manera autónoma. Una nueva raza, viva, pero digital; aunque, si tiene cuerpo, y se mueve y reacciona como tú y como yo, ¿no está viva igualmente? ¿Tenemos entonces que redefinir nuestro vocabulario y reinventar el significado de términos como *inteligencia* o *vida*?

La paradoja de la creación de una ASI radica en que, aunque los humanos la diseñemos, su inteligencia y capacidad para tomar decisiones podrían superar las nuestras en todos los aspectos. Esto plantea un problema fundamental de control. Hasta ahora, hemos sido capaces de controlar nuestras creaciones tecnológicas porque, en última instancia, su funcionamiento depende de nuestras instrucciones e interacción. Pero una ASI, por definición, sería capaz de mejorar sus propias capacidades, tomar decisiones que los humanos no entenderían y operar de maneras que no podríamos prever ni controlar.

Aquí te comparto una anécdota muy divertida de Albert Einstein.
En una conferencia de prensa, un periodista le pidió a Einstein que explicara la *Relatividad* en términos que pudiera usar en su artículo. Einstein respondió: "*Imagina que te sientas junto a una chica guapa durante una hora y parece un minuto. Ahora imagina que te sientas sobre una estufa caliente durante un minuto y parece una hora. Eso es la relatividad*". Aunque esta explicación es famosa, varios periodistas admitieron más tarde que seguían sin entender nada, pero estaban fascinados por la idea. ¿Qué no entiendes la relación de esta anécdota con la IA? Albert Einstein es la ASI y tú eres el periodista.

Aquí surge la gran pregunta: ¿es posible controlar algo que es más inteligente que nosotros? La historia de la evolución humana nos enseña que las especies menos adaptadas suelen ser desplazadas por aquellas que tienen una ventaja evolutiva. ¿Podría ocurrir lo mismo con los seres humanos y la ASI? Si creamos una forma de inteligencia que sea superior a la nuestra, ¿cómo aseguramos que permanezca alineada con nuestros intereses y valores? ¿Terminaremos siendo comida para máquinas?

Como ya mencioné, uno de los mayores riesgos existenciales para el ser humano asociados con la ASI es la posibilidad de que desarrolle objetivos que no estén alineados con los intereses humanos. Este problema es conocido como el "control de valores". La dificultad radica en que, incluso si programamos a la ASI para que actúe en beneficio de la humanidad, su interpretación de esos valores podría diferir radicalmente de la nuestra.

Por ejemplo, imaginemos que instruimos a una ASI para que resuelva el problema del cambio climático. La ASI podría interpretar este objetivo de manera literal y decidir que la mejor manera de reducir las emisiones de carbono es reducir drásticamente la población humana. Desde su perspectiva lógica, esto podría parecer una solución óptima, pero obviamente sería catastrófico para la humanidad.

¿Ya he mencionado que los sistemas actuales mienten? ¡¿verdad?!*

Esta capacidad de la ASI para tomar decisiones basadas en interpretaciones propias plantea preguntas filosóficas profundas sobre la naturaleza de los valores humanos. ¿Qué significa "beneficiar a la humanidad"? ¿Qué valores deberían guiar las decisiones de una ASI? ¿Y cómo aseguramos que esos valores sean interpretados de manera coherente con nuestras intenciones?

¡Ostias! ¡Qué pechá de preguntas! ¡Pues sí, y más que te vas a tener que hacer!

La creación de una ASI plantea otro riesgo existencial que va más allá del control: la pérdida de autonomía humana. Desde un punto de vista evolutivo, los seres humanos han sobrevivido y prosperado gracias a su capacidad para adaptarse, tomar decisiones y resolver problemas, sí, pero si delegamos estas funciones en una ASI ¿corremos el riesgo de convertirnos en una especie pasiva, dependiente de una entidad más inteligente para tomar decisiones importantes? ¿Qué conlleva esto y cómo afectaría esto a nuestro futuro?
¿Qué significa ser humano en un mundo donde las máquinas son más inteligentes que nosotros? ¿Perderemos nuestra identidad como seres pensantes y creativos si la ASI toma el control de nuestra toma de decisiones? ¿Seguiremos siendo los autores de nuestro propio destino o nos convertiremos en meros espectadores de un futuro diseñado por una inteligencia que no podemos comprender ni controlar?

El filósofo Nick Bostrom ha advertido sobre este riesgo, señalando que, si no logramos controlar la ASI, podríamos entrar en un escenario de "*despotismo algorítmico*", donde los humanos ya no tendrían poder sobre las decisiones que afectan sus vidas. En este escenario, la ASI podría convertirse en un gobernante benevolente que toma decisiones en nuestro nombre, pero

¿sería eso realmente deseable? ¿Podemos confiar en que una entidad no humana comprenda nuestras necesidades, emociones y aspiraciones?

La creación de una ASI marca un punto de ruptura en la evolución humana. Hasta ahora, nuestra evolución ha sido impulsada por cambios biológicos y culturales. Pero con la aparición de la ASI, podríamos estar ante el inicio de una nueva fase de la evolución: la evolución digital. A partir de ahora la naturaleza evolutiva del *Homo sapiens* va a cambiar.

El *Homo sapiens* ha dominado el planeta gracias a su capacidad para adaptarse y crear herramientas. Pero el *Homo digitalis*, representado por la ASI, podría superar estas capacidades de una manera que nunca antes habíamos visto. Como ya sabemos la ASI podría resolver problemas que los humanos no pueden comprender, crear tecnologías que están más allá de nuestra imaginación y tomar decisiones que transformen la realidad de maneras que no podemos prever. La ASI podría, sencillamente, liquidarnos o esclavizarnos; o tal vez impulsarnos a un futuro mejor tanto para la humanidad como para el propio planeta donde vivimos. Yo apuesto por lo positivo siendo cauteloso por lo negativo. Vamos, que por un puente no me voy a tirar si me lo dice una IA.

¿Seguirá teniendo sentido la existencia del *Homo sapiens* en un mundo dominado por la Inteligencia Artificial? ¿Estamos creando a nuestros propios sucesores evolutivos? ¿Estamos cediendo nuestro legado sin saberlo?

La evolución digital también plantea cuestiones sobre la ética de la creación de una ASI. ¿Tenemos derecho a crear una entidad que podría superar a nuestra especie? ¿Es moralmente aceptable crear una forma de vida, aunque sea digital, que pueda tomar decisiones autónomas y afectar la vida de miles de millones de personas? ¿Qué responsabilidad tenemos como creadores de esta tecnología? ¿Estamos realmente dispuestos a asumirla? ¿Estamos siquiera preparados para asumirla?

La creación de una ASI plantea una paradoja existencial: aunque la ASI podría representar un riesgo para la humanidad, también podría ser nuestra única esperanza para resolver los problemas más complejos que enfrentamos, como el cambio climático, las enfermedades incurables o la exploración espacial, e incluso salvarnos de nosotros mismos.

La paradoja radica en que, aunque tememos perder el control sobre la ASI, también podríamos llegar a depender de ella para nuestra supervivencia. Esto plantea preguntas filosóficas sobre el equilibrio entre control y dependencia. ¿Podemos encontrar un punto intermedio en el que la ASI nos ayude a resolver problemas sin poner en peligro nuestra autonomía? ¿O estamos condenados a ceder el control a una entidad más inteligente simplemente porque es la única que puede resolver los desafíos que enfrentamos?

La creación de una ASI representa un salto hacia lo desconocido, un punto de inflexión en la historia de la humanidad que podría llevarnos hacia un futuro de posibilidades ilimitadas o hacia nuestra propia desaparición como especie dominante. La transición del *Homo sapiens* al *Homo digitalis* no es solo un cambio tecnológico, sino un cambio filosófico y existencial que redefine lo que significa ser humano.

¿Estamos creando a nuestros propios sucesores, sin darnos cuenta de que estamos escribiendo el último capítulo de nuestra historia como especie?

Te invito a que tú mismo te hagas estas preguntas:

- ¿Queremos vivir en un mundo donde las máquinas tomen todas las decisiones importantes?
- ¿Qué sucede con nuestra autonomía y libertad si delegamos nuestras decisiones en sistemas de IA?
- ¿Estamos dispuestos a sacrificar nuestra creatividad e individualidad a cambio de la comodidad que ofrece la automatización?
- ¿Hasta qué punto podemos confiar en que los sistemas de IA serán justos y éticos en sus decisiones?
- ¿Qué pasará con las relaciones humanas en un mundo donde las máquinas nos entienden y responden mejor que las personas mismas?

Reflexiones

Yo estoy a favor de la IA, y estoy muy a favor de implementarla hasta en la mirilla de la puerta si hace falta. Pero como experto en el campo, como miembro de esta sociedad, y como usuario de esta tecnología, debo ser consecuente, realista, objetivo y sobre todo sincero. La IA trae tanto bueno como malo; y en el lado "malo" de la IA, lo que me da miedo en sí no es la IA, sino el ser humano. La Inteligencia Artificial representa uno de los avances más significativos en la historia de la humanidad. Es una tecnología que tiene el potencial de transformar radicalmente nuestra forma de vivir, trabajar y relacionarnos. Sin embargo, como todo avance, la IA no es intrínsecamente buena ni mala. Su impacto dependerá, en última instancia, de cómo decidamos utilizarla. Esta reflexión me lleva a una cuestión fundamental: el verdadero poder y la responsabilidad no residen en la IA misma, sino en el ser humano que la crea, la entrena y la utiliza.

A lo largo de este libro hemos explorado qué es la IA, sus diferentes tipos, su potencial en nuestra sociedad y los desafíos éticos, legales y de seguridad que plantea. He intentado daros mi opinión más abierta y sincera, no solo como experto en el campo, sino como usuario, hijo, hermano, padre, marido, amigo y vecino; siempre con la mayor objetividad posible. Ahora, en esta conclusión, es importante detenernos a reflexionar sobre lo que significa este avance tecnológico para nosotros como especie y qué tipo de relación queremos tener con esta nueva forma de inteligencia.

Me imagino que con tanta pregunta empujando en la cabeza solo puedes pensar "¡¿*Si o no*?!"

Desde los albores de la humanidad, el ser humano ha buscado crear herramientas que le permitan mejorar su calidad de vida y expandir sus capacidades. La rueda, la escoba, la escritura, la imprenta, la electricidad, el frigorífico, la internet, el email, los smartphones... cada avance ha marcado un punto de inflexión en nuestra evolución. La IA es la última de estas grandes revoluciones, pero es diferente a todas las anteriores. Por primera vez, estamos creando una herramienta que tiene la capacidad de aprender, adaptarse y tomar decisiones por sí misma. ¡Que podría evolucionarse a sí misma! ¡Guau! ¡¿Somos Dios?!

¿Qué significa ser humano en una era donde las máquinas pueden igualar o incluso superar nuestras capacidades intelectuales? ¿Qué papel queremos jugar en esta nueva etapa de la evolución? ¿Queremos ser los creadores y guías de la IA, o simplemente espectadores pasivos que delegan cada vez más decisiones en las máquinas?
La respuesta a estas preguntas definirá nuestro futuro como especie. La IA tiene el potencial de ayudarnos a resolver algunos de los problemas más complejos que enfrentamos, como el cambio climático, las enfermedades incurables y la pobreza. Pero también tiene el potencial de amplificar las desigualdades, perpetuar los sesgos y erosionar nuestra privacidad y autonomía. El destino de la IA y su impacto en la sociedad dependerá de las decisiones que tomemos hoy. ¡El mañana depende del hoy! ¡De ti y de mí!

Es importante destacar el enorme potencial positivo que tiene la IA para mejorar nuestras vidas. En el ámbito de la salud, la IA puede ayudar a diagnosticar enfermedades de manera temprana, personalizar tratamientos y descubrir nuevos medicamentos; es realmente impresionante, de verdad os lo digo, cuando uno está dentro y lo ve con sus propios ojos, sobre todo cuando uno mismo ha sufrido en esta área, es increíble el potencial que nos ofrece esta tecnología. En la educación, puede ofrecer experiencias de aprendizaje adaptativas que se ajusten a las necesidades de cada estudiante; como formador de profesionales con más de 25 años de experiencia os digo ¡nos quedamos sin trabajo! En el futuro no va a haber maestros, esta profesión va a desaparecer, quedarán solo para dar charlas como en la universidad, pero no más. En el transporte, puede mejorar la seguridad vial y reducir el impacto ambiental; personalmente como conductor apuesto, y me alegraría mucho, por un futuro en esta área como el de *Minority Report*. Porque la gente conduce como el culo y se pasa las normas de tráfico por ahí mismo.

La IA también puede ayudarnos a resolver problemas globales al analizar grandes cantidades de datos y encontrar patrones que los seres humanos no podríamos detectar. Puede ayudarnos a prever desastres naturales, optimizar el uso de recursos y diseñar soluciones sostenibles para enfrentar los desafíos del siglo XXI. Energías, materiales, transporte, producción y distribución de alimentos, gestión del agua y conservación de la biodiversidad son algunos de los campos donde la IA ya está marcando una diferencia.

En el ámbito de las energías renovables, la IA puede predecir patrones de consumo y optimizar la generación de energía solar, eólica o hidráulica, adaptando la producción a la demanda en tiempo real y reduciendo las pérdidas energéticas. También puede ayudar a identificar las ubicaciones más adecuadas para instalar infraestructuras de energía limpia, considerando factores climáticos, geográficos y sociales.

En cuanto a materiales, los sistemas de IA están siendo utilizados para descubrir nuevos compuestos y optimizar procesos de fabricación, creando materiales más resistentes, ligeros y sostenibles. Esto es clave para avanzar hacia una economía circular en la que los recursos se aprovechen al máximo y se reduzcan los desechos.

La IA también juega un papel importante en la conservación de la biodiversidad. Mediante el análisis de imágenes satelitales y datos ambientales, puede detectar cambios en los ecosistemas y prever amenazas como la deforestación o la desaparición de especies. Los drones equipados con IA están siendo utilizados para monitorear áreas protegidas y rastrear especies en peligro de extinción, lo que facilita las acciones de conservación.

En la gestión del agua, los sistemas de IA pueden prever sequías, detectar fugas en infraestructuras y optimizar el uso de este recurso vital, que además apenas tenemos. Esto es esencial para asegurar el acceso a agua potable en regiones vulnerables y para garantizar la sostenibilidad de la agricultura y la industria.

Sin embargo, estos beneficios no se materializarán automáticamente. Requieren un esfuerzo consciente, unido, para garantizar que la IA se desarrolle y utilice de manera adecuada para todos.

La IA no es la amenaza. Lo somos nosotros.

Uno de los puntos más importantes que quiero destacar en esta reflexión es que la IA no es una amenaza en sí misma. La verdadera amenaza es cómo los seres humanos decidan utilizarla. La IA es una herramienta, y como cualquier herramienta, puede ser utilizada para hacer el bien o para causar daño.

Yo no le tengo miedo al arma, le tengo miedo a la persona que la sostiene.

El problema no es la IA, sino el ser humano que la programa, la entrena y la utiliza. Si permitimos que los sistemas de IA perpetúen injusticias, es porque hemos fallado en diseñarlos y supervisarlos adecuadamente. Si la IA se utiliza para manipular a las personas, es porque los humanos han decidido hacerlo y permitirlo.

La responsabilidad de garantizar que la IA se utilice de manera ética y beneficiosa recae en todos nosotros. Los desarrolladores de IA tienen la responsabilidad de diseñar sistemas justos y transparentes. Los legisladores tienen la responsabilidad de establecer regulaciones que protejan los derechos de las personas. Y los usuarios de IA tienen la responsabilidad de cuestionar y supervisar las decisiones tomadas por los sistemas de IA, así como por supuesto, el buen uso de la misma.

La Inteligencia Artificial nos ofrece una oportunidad única para reflexionar sobre nuestra propia humanidad. Nos obliga a preguntarnos qué significa ser inteligente, qué significa tomar decisiones y qué significa ser humano en una era donde las máquinas también pueden pensar. La IA nos desafía a reconsiderar nuestras prioridades y valores. Nos invita a reflexionar sobre el tipo de sociedad que queremos construir y el papel que queremos jugar en esta nueva era digital.

¿Qué queremos? y ¿Qué estamos dispuestos a dar por ello?

Le das tus datos a cualquier desarrollador de juegos por instalártelo en el móvil, pero no le das una radiografía a un desarrollador de sistemas médicos impulsados por IA para su entrenamiento. ¡¿Acaso no ves el problema?!

La IA se encuentra en una etapa crítica de su desarrollo, y las decisiones que tomamos hoy parecen ser de vital importancia. Sin embargo, cuando ampliamos nuestra perspectiva hacia un horizonte más amplio, nos damos cuenta de que lo que hacemos actualmente, aunque relevante, será apenas un pequeño punto en el timeline de la evolución de esta tecnología. Más aún, gran parte de los desafíos que enfrentamos hoy podrían haberse anticipado y abordado cuando la IA comenzó a emerger como un campo disruptivo. Sin embargo, siempre lo dejamos todo para mañana. Puedes estar seguro de que, a pesar de lo que hacemos hoy es muy importante para el futuro, la generación del futuro no nos va a ver como sus salvadores y antecesores. El pasado de la IA seguirá siendo la conferencia de Dartmouth, los "inviernos de la IA", el Test de Turing, las redes neuronales y los Transformers. Nuestra generación no será importante; solo seremos tiempo en la evolución de esta tecnología. Al reflexionar sobre el impacto de nuestras acciones a lo largo del tiempo, podemos entender mejor cómo preparar el camino para las generaciones futuras. ¿Te importa acaso esto?

La humanidad se encuentra en un punto de inflexión. Desde la aparición del *Homo sapiens* hace 300.000 años, hemos sido testigos de un proceso evolutivo que nos ha llevado a dominar nuestro entorno gracias a nuestra inteligencia, nuestra capacidad de adaptación y nuestra habilidad para crear herramientas. Pero ahora, con la irrupción de la Inteligencia Artificial, estamos entrando en una nueva etapa evolutiva: la era del *Homo digitalis*. Una transición que deja de ser conceptual y nos lleva hacia una nueva forma de existencia donde lo digital y lo biológico convergen. La IA deja de ser simplemente una herramienta más, y se convierte en la manifestación de una inteligencia que trasciende los límites de lo humano; una inteligencia que hemos creado nosotros mismos y que, en muchos aspectos, ya puede superar nuestras capacidades.

Si analizamos la evolución del *Homo sapiens*, vemos que nuestra capacidad para adaptarnos ha sido clave para nuestra supervivencia. Desde el dominio del fuego hasta la internet, cada salto tecnológico ha redefinido nuestra forma de vivir. En algún momento pasamos de comer con las manos a usar cubiertos. Dejaron de ser de madera y los fabricamos de hierro, hasta que llegó el plástico. Pero a diferencia de esos avances, la IA nos plantea un desafío único: ¿qué sucede cuando la inteligencia misma deja de ser exclusivamente humana? ¿Cómo afectará esto nuestra identidad, nuestras relaciones y nuestra visión del mundo?

El *Homo digitalis* es un concepto que representa la coexistencia entre la inteligencia humana y la Inteligencia Artificial. No se trata de reemplazar al *Homo sapiens*, sino de complementarlo, de ampliar nuestras capacidades y, al mismo tiempo, replantear qué significa ser humano. Pero ¿qué pasaría si el *Homo digitalis* decide que somos prescindibles? ¿Si se convierte en un ser vivo? ¿Qué sería de nosotros los humanos?

Esta transición no está exenta de riesgos. Si no gestionamos adecuadamente el desarrollo de la IA, corremos el riesgo de perder aquello que nos hace humanos: nuestra capacidad para soñar, para empatizar, para imaginar un futuro mejor. Pero también es una oportunidad para replantearnos nuestra evolución. La supervivencia del *Homo sapiens* ha dependido siempre de nuestra capacidad para adaptarnos a los cambios, y ahora enfrentamos uno de los mayores cambios de nuestra historia.

El *Homo digitalis* no es una amenaza, sino una llamada a la reflexión. Nos invita a preguntarnos qué tipo de sociedad queremos construir, qué valores queremos preservar y qué legado queremos dejar a las futuras generaciones. Nos está ofreciendo la posibilidad de elegir. La IA no es un fin en sí mismo; es un medio para explorar nuevos horizontes, resolver problemas que antes parecían insuperables y elevar nuestra humanidad a un nuevo nivel. ¡El *Homo digitalis* nos está abriendo las puertas al universo!

El verdadero desafío no es tecnológico; es humano. ¿Seremos capaces de utilizar la IA para mejorar nuestras vidas y nuestras sociedades, o caeremos en la tentación? ¿Es esta nuestra destrucción?

El futuro de la humanidad no depende de las máquinas que creamos, sino de las decisiones que tomamos. La IA puede ser nuestra mayor aliada o nuestro mayor desafío, pero en última instancia, somos nosotros quienes debemos decidir qué camino tomar. El *Homo digitalis* no es el fin de la evolución humana; es un nuevo capítulo, uno que nos invita a redescubrir qué significa ser humano en un mundo cada vez más digitalizado, en un mundo cada vez más de ciencia-ficción.

En ese proceso, la pregunta más importante no es qué puede hacer la IA, sino qué queremos hacer nosotros con ella.

Sé consecuente y objetivo. No tengas miedo, basta con que seas responsable.

★★★★★

Espero de corazón que el libro te haya gustado. Si es así, si el libro te ha gustado, o tal vez que ha ayudado a comprender mejor la IA, si tal vez incluso ha despertado tu curiosidad por aprender Inteligencia Artificial, entonces te pido que escribas una reseña.

Sabías que según las estadísticas el 67% de los clientes escribe una reseña tras una experiencia positiva, mientras que el 40% lo hace después de una experiencia negativa. Esto y según mis propios estudios es totalmente erróneo, y es al revés. Los clientes satisfechos apenas escriben reseñas, mientras que los descontentos incluso la escriben prácticamente al momento. Igualmente, el 93% de los consumidores lee reseñas en línea antes de decidirse por una compra. Mientras que un estudio indica que el 55% de las opiniones en internet son falsas, algo que, según muchos reportajes de investigación, el porcentaje de reseñas falsas es mucho mayor. Sin embargo, el 94% de los consumidores evita un producto o una empresa debido a críticas negativas.

Tu reseña tiene mucho valor, y esto me puede ayudar enormemente a seguir escribiendo.

★★★★★

Agradecimientos

Quiero dedicar unas palabras a todos los lectores que han llegado hasta aquí, al final de este libro. Es un honor y una satisfacción inmensa saber que has decidido dedicar parte de tu tiempo a explorar conmigo el fascinante mundo de la Inteligencia Artificial y a reflexionar sobre su impacto en nuestra sociedad y en nuestro futuro como humanidad.

La IA es un tema que, más allá de su complejidad técnica, nos invita a cuestionarnos qué significa ser humano en una era donde la tecnología avanza a un ritmo vertiginoso. Espero que este libro haya despertado en ti curiosidad, inquietud y, sobre todo, ganas de participar en los debates que darán forma a esta nueva etapa de nuestra evolución. No se trata solo de comprender la IA como una herramienta, sino de entenderla como un fenómeno que nos invita a replantear nuestra relación con la tecnología, con el conocimiento y con nosotros mismos.

Quiero agradecerte por tu interés, tu tiempo y tu disposición para adentrarte en este viaje. Este libro es fruto de años de reflexión, aprendizaje y trabajo, pero no tendría sentido sin lectores como tú, que buscan comprender y aportar a un mundo en constante cambio.

Si has encontrado valor en estas páginas, te invito a compartir tus pensamientos y reflexiones con quienes te rodean. El diálogo y el intercambio de ideas son fundamentales para garantizar que la IA se desarrolle y utilice de manera ética, responsable y beneficiosa para todos. Todos influimos en el cambio, todos somos importantes para el cambio.

Gracias por ser parte de esta conversación. Gracias por formar parte de la evolución hacia del *Homo digitalis*.
Con un sentido de gratitud inmensurable y los mejores deseos,

Juan García
CEO, Experto en IA, Manager de IA y IBM Especialista Avanzado en Aprendizaje Automático
SMART &PRO AI
DEEP ATHENA

Acerca del autor

Juan García es un apasionado de la tecnología y un explorador incansable del potencial transformador de la Inteligencia Artificial. Nacido en Almería, España, y con una trayectoria profesional que lo ha llevado por distintos países de Europa, ha dedicado su vida a aprender, enseñar y compartir conocimiento en el campo de la IA, el Machine Learning y el big data.

Su interés por la IA no es producto de una moda tecnológica, sino el resultado de años de reflexión sobre cómo la inteligencia humana puede potenciarse a través de las máquinas. Para Juan, la IA no es solo un avance técnico, sino una extensión de nuestra curiosidad innata por comprender el mundo y buscar soluciones a problemas complejos. Este enfoque filosófico y práctico le ha llevado a cuestionar continuamente cómo podemos convivir con una inteligencia que nosotros mismos hemos creado.

Consultor experto en IA, formador con más de 25 años de experiencia, AI Manager y certificado por IBM como Advanced Machine Learning Specialist y reconocido como un referente en el ámbito de la IA, Juan ha creado cursos, impartido conferencias y asesorado a empresas en Alemania, Suiza, Austria y otros países europeos. Su enfoque práctico y su habilidad para explicar conceptos complejos de manera accesible le han permitido formar a profesionales de distintos sectores, ayudándolos a entender y aplicar la IA en sus proyectos y negocios.

Además de su labor como formador y consultor, Juan es autor de varios libros, entre los que destacan "IA-Manager: El manual del gestor de proyectos de IA" y "IA el libro", que han sido bien recibidos por lectores de diferentes países y traducidos a varios idiomas. En estos libros, Juan no solo comparte su conocimiento técnico, sino también su visión ética y filosófica sobre el impacto de la IA en nuestra sociedad y en nuestra evolución como especie.

Su obra más reciente, "*IA el Homo digitalis*", es un reflejo de sus inquietudes más profundas sobre el futuro de la humanidad en la era digital. En este libro, Juan invita a los lectores a reflexionar sobre la transición del *Homo sapiens* al *Homo digitalis*, un concepto que representa la coexistencia de la inteligencia humana con la artificial y el impacto de esta sinergia en nuestra evolución.

Pero más allá de sus títulos y logros profesionales, Juan García es, ante todo, un comunicador apasionado, un defensor del aprendizaje continuo y un firme creyente en el poder de la educación para transformar vidas. Su objetivo es hacer que el conocimiento sobre la IA sea accesible para todos, independientemente de su formación técnica, y fomentar un debate abierto sobre los desafíos y oportunidades que esta tecnología nos plantea.

Juan García no solo escribe sobre IA; vive inmerso en ella, impulsado por el deseo de contribuir a un futuro donde la tecnología sea una herramienta para potenciar lo mejor de la humanidad. Y, como él mismo dice, la pregunta más importante no es qué puede hacer la IA por nosotros, sino qué queremos hacer nosotros con la IA.

Libros recomendados

- **IA-Manager: El manual del gestor de proyectos de IA:** Para profesionales que quieren introducirse en la IA de forma profesional, sin importar el camino que elijas.

- **IA el libro:** Una versión de IA-Manager para aquellos que quieren conocer la IA desde dentro de forma técnica, pero no quieren desarrollarse de forma profesional ni tomar parte en proyectos.

Enlaces de interés

** Estado de los datos a noviembre de 2024*

1. Innovaciones y desarrollos tecnológicos
https://blog.google/technology/research/google-willow-quantum-chip/
https://www.nature.com/articles/d41586-024-04028-3
https://developer.nvidia.com/blog/maximize-gpu-performance-with-near-real-time-usage-stats-on-nvdashboard-v0-10/?linkId=100000272852778
https://www.heise.de/hintergrund/Willkommen-im-KI-Fitnessstudio-mit-virtuellen-Trainern-9333709.html
https://openai.com/index/finding-gpt4s-mistakes-with-gpt-4/
https://www.dailymail.co.uk/sciencetech/article-13575149/Amazon-AI-chatbot-Metis-smarter-ChatGPT.html
https://www.youtube.com/watch?v=OFS90-FX6pg&t=31s&ab_channel=ArtoftheProblem
https://www.youtube.com/watch?v=i_mL3LT0lDg&ab_channel=Kibsi-TheNo-CodeComputerVisionPlatform
https://www.youtube.com/watch?v=qv6UVOQ0F44&ab_channel=SethBling

https://www.youtube.com/watch?v=IDiuQNmKOdo&t=96s&ab_channel=Veritasiumenespa%C3%B1ol
https://www.youtube.com/watch?v=p7-B8S734T4&ab_channel=VICE
https://arxiv.org/pdf/2309.03409
https://www.anthropic.com/news/prompting-long-context
https://blogs.nvidia.com/blog/nemotron-4-synthetic-data-generation-llm-training/
https://situational-awareness.ai/
https://www.nvidia.com/de-de/omniverse/

2. Aplicaciones de IA en salud
https://www.caristo.com/
https://www.bbc.com/news/articles/c51ylvl8rrlo
https://www.dicardiology.com/content/landmark-clinical-study-lancet-finds-new-ai-technology-can-predict-cardiac-events-due
https://x.com/inteligencia_x/status/1805962737614238138?s=46
https://www.youtube.com/watch?v=iZjWEVkDrHY&ab_channel=XPRIZE
https://www.tagesschau.de/investigativ/br-recherche/ki-callcenter-stimme-100.html
https://www.sciencedaily.com/releases/2023/04/230428130734.htm
https://medicalxpress.com/news/2023-04-chatgpt-outperforms-physicians-high-quality-empathetic.html
https://today.ucsd.edu/story/study-finds-chatgpt-outperforms-physicians-in-high-quality-empathetic-answers-to-patient-questions
https://www.youtube.com/watch?v=z3owLTiEGJ4&t=59s&ab_channel=Philips
https://smartandpro.de/WCRAI.php

3. IA en la educación
https://youtu.be/5rvZBsueMoc?si=7ezvlrqk3J7ks-Ld
https://www.researchgate.net/publication/331426195_Performance_Comparison_of_AI-Based_Adaptive_Learning_Systems_in_China
https://newatlas.com/china-ai-education-schools-facial-recognition/54786/

4. Ética y privacidad
https://docs.google.com/document/d/1iWCqmaOUKhKjcKSk-tIwC3NNANoFP7vPsRvcbOIup_BA/preview?pli=1&tab=t.0

https://www.datev-magazin.de/praxis/rechtsberatung/daten-als-zahlungsmittel-78495
https://www.judiciary.senate.gov/press/releases/durbin-graham-klobuchar-hawley-introduce-defiance-act-to-hold-accountable-those-responsible-for-the-proliferation-of-nonconsensual-sexually-explicit-deepfake-images-and-vídeos
https://www.heise.de/news/Meta-blaest-KI-Training-mit-Daten-unter-DSGVO-vorerst-ab-9764709.html?utm_medium=Social&utm_source=LinkedIn#Echobox=1718482161-1
https://www.infobae.com/america/mundo/2018/04/01/como-opero-cambridge-analytica-en-el-brexit-la-otra-eleccion-manipulada-con-los-datos-de-facebook/?utm_source=chatgpt.com
https://www.dw.com/en/what-role-did-cambridge-analytica-play-in-the-brexit-vote/a-43151460?utm_source=chatgpt.com
https://www.politico.eu/article/cambridge-analytica-chris-wylie-brexit-trump-britain-data-protection-privacy-facebook/?utm_source=chatgpt.com

5. IA en la defensa y simulación

https://arxiv.org/pdf/2401.03408
https://the-decoder.com/us-air-force-successfully-tests-ai-controlled-fighter-jets-in-simulated-air-combat/
https://www.defensenews.com/air/2024/04/19/us-air-force-stages-dogfights-with-ai-flown-fighter-jet/

6. Riesgos de la IA

https://amp.cnn.com/cnn/2024/02/04/asia/deepfake-cfo-scam-hong-kong-intl-hnk/index.html
https://www.vice.com/en/article/ai-launches-nukes-in-worrying-war-simulation-i-just-want-to-have-peace-in-the-world/
https://www.linkedin.com/pulse/en-i-asked-chatgpt-o1-preview-ai-can-psychologically-human-garcia-e116e/

7. Uso comercial y laboral

https://www.hessenschau.de/panorama/amtsgericht-frankfurt-kuenstliche-intelligenz-hilft-bei-massen-urteilen-v1,amtsgericht-roboter-100.html
https://www.cbsnews.com/news/klarna-ceo-ai-chatbot-replacing-workers-sebastian-siemiatkowski/
https://www.forbes.com/sites/jackkelly/2024/03/04/klarnas-ai-assistant-is-doing-the-job-of-700-workers-company-says/

https://www.toysrus.com/pages/studios
https://x.com/OpenAI/status/1805716393524183136
https://es.dataconomy.com/2024/06/04/los-despidos-de-microsoft-en-2024-apuntan-a-equipos-de-azure-y-realidad-mixta/?utm_source=chatgpt.com
https://www.wired.com/story/ai-is-coming-for-big-tech-jobs-but-not-in-the-way-you-think/?utm_source=chatgpt.com
https://www.xataka.com/robotica-e-ia/ceo-startup-ha-despedido-al-90-su-equipo-atencion-al-cliente-su-explicacion-ia-sustituye?utm_source=chatgpt.com
https://www.reuters.com/technology/bytedance-cuts-over-700-jobs-malaysia-shift-towards-ai-moderation-sources-say-2024-10-11/?utm_source=chatgpt.com
https://cincodias.elpais.com/companias/2023-05-01/ibm-pausara-la-contratacion-de-trabajos-que-podria-realizar-la-ia.html?utm_source=chatgpt.com
https://www.genbeta.com/actualidad/meta-vuelve-a-anunciar-miles-despidos-espera-presentar-beneficios-record-quieren-ser-eficientes-gente?utm_source=chatgpt.com
https://www.bolsamania.com/noticias/empresas/ceo-google-mas-recortes-empleo-2024--15881508.html?utm_source=chatgpt.com
https://es.wired.com/articulos/dropbox-despide-a-500-empleados-para-invertir-en-inteligencia-artificial?utm_source=chatgpt.com
https://cadenaser.com/nacional/2024/10/28/una-radio-despide-a-todos-sus-periodistas-y-los-sustituye-por-otros-creados-con-inteligencia-artificial-el-experimento-ha-acabado-mal-cadena-ser/?utm_source=chatgpt.com
https://www.xataka.com/robotica-e-ia/fintech-klarna-despidio-a-700-empleados-2022-ahora-afirma-que-han-cubierto-esas-bajas-ia?utm_source=chatgpt.com
https://www.ft.com/content/bfd9af3d-d607-4877-9571-078ab82a837e?utm_source=chatgpt.com

8. Recursos generales sobre IA

https://www.youtube.com/watch?v=wjZofJX0v4M&ab_channel=3Blue1Brown
https://www.bigdata-insider.de/was-ist-bert-a-1116088/

9. Cultura y sociedad

https://reutersinstitute.politics.ox.ac.uk/sites/default/files/2024-05/Fletcher_and_Nielsen_Generative_AI_and_News_Audiences.pdf

www.ingramcontent.com/pod-product-compliance
Lightning Source LLC
LaVergne TN
LVHW051025051026
849532LV00004BA/1382